U0085818

世紀
人物100

雀鳥與蘭花

達爾文

龔則韞　著

三民書局

獻給孩子們的禮物

主編的話

世界上最幸福的孩子，是他們一出生就有機會接近故事書，想想看，那些書中的人物，不論古今中外都來到了眼前，與他們相識，不僅分享了各個人物生活中的點滴，孩子們的想像力也隨著書中的故事情節飛翔。

不論世界如何演變，科技如何發達，孩子一世幸福的起源，仍然來自於父母的影響，如果每一個孩子都能從小在父母親的懷抱中，傾聽故事，共享閱讀之樂，長大後養成了閱讀習慣，這將是一生中享用不盡的財富。

三民書局的劉振強董事長，想必也是一位深信讀書是人生最大財富的人，在讀書人口往下滑落的多元化時代，他仍然堅信讀書的重要，近年來，更不計成本，連續出版了特別為孩子們策劃的兒童文學叢書，從「文學家」、「藝術家」、「音樂家」、「影響世界的人」系列到「童話小天地」、「第一次」系列，至今已出版了近百本，這僅是由筆者主編出版的部分叢書而已，若包括其他兒童詩集及套書，三民書局已出版不下千百種的兒童讀物。

劉董事長也時常感念著，在他困苦貧窮的青少年時期，是書使他堅強向上，在社會普遍困苦，而生活簡陋的年代，也是書成了他最好的良伴，他希望在他的有生之年，分享這份資產，讓下一代可以充分使用，讓親子共讀的親情，源遠流長。

「世紀人物 100」系列早就在他的關切中構思著，希望能出版

孩子們喜歡而且一生難忘的好書。近年來筆者放下一切寫作，接下這份主編重任，並結合海內外有心兒童文學的作者共同為下一代效力，正是感動於劉董事長致力文化大業的真誠之心，更欣喜許多志同道合的朋友，能與我一起為孩子們寫書。

「世紀人物 100」系列規劃出版一百位人物故事，中外各占五十人，包括了在歷史上有關文學、藝術、人文、政治與科學等各行各業有貢獻的人物故事，邀請國內外兒童文學領域專業的學者、作家同心協力編寫，費時多年，分梯次出版。在越來越多元化的世界中，每個人都有各自的才華與潛力，每個朝代也都有其可歌可泣的故事，但是在故事背後所具有的一個共同點，就是每個傳主在困苦中不屈不撓，令人難忘的經歷，這些經歷經由各作者用心博覽有關資料，再三推敲求證，再以文學之筆，寫出了有趣而感人的故事。

西諺有云：「世界因有各式各樣不同的人群，才更加多采多姿。」這套書就是以「人」的故事為主旨，不刻意美化傳主，以每一位傳主的生活經歷為主軸，深入描寫他們成長的環境、家庭教育與童年生活，深入探索是什麼因素造成了他們與眾不同？是什麼力量驅動了他們鍥而不捨的毅力？以日常生活中的小故事，來描繪出這些人物，為什麼能使夢想成真。為了引起小讀者的興趣，特別著重在各傳主的童年生活描述，希望能引起共鳴。尤其在閱讀這些作品時，能於心領神會中得到靈感。

和一般從外文翻譯出來的偉人傳記所不同的是，此套書的特色是，由熟悉兒童文學又關心教育的作者用心收集資料，用有趣的故

事，融入知識，並以文學之筆，深入淺出寫出適合小朋友與大朋友閱讀的人物傳記。在探討每位人物的內在心理因素之餘，也希望讀者從閱讀中，能激勵出個人內在的潛力和夢想。我相信每個孩子在年少時都會發呆做夢，在他們發呆和做夢的同時，書是他們最私密的好友，在閱讀中，沒有批判和譏諷，卻可隨書中的主人翁，海闊天空一起遨遊，或狂想或計畫，而成為心靈知交，不僅留下年少時，從閱讀中得到的神交良伴（一個回憶），如果能兩代共讀，讀後一起討論，綿綿相傳，留下共同回憶，何嘗不是一幅幸福的親子圖？

2006 年，我們升格成為祖字輩，有一位朋友提了滿滿兩袋的童書相送，一袋給新科父母，一袋給我們。老友是美國國家科學院院士，曾擔任過全美閱讀評估諮議委員，也是一位慈愛的好爺爺，深信閱讀對人生的重要。他很感性的說：「不要以為娃娃聽不懂故事，我的孫兒們一出生就聽我們唸故事書，長大後不僅愛讀書而且想像力豐富，尤其是文字表達能力特別強。」我完全同意，並欣然接受那兩袋最珍貴的禮物。

因為我們同樣都是愛讀書、也深得讀書之樂的人。

謹以此套「世紀人物 100」叢書送給所有愛讀書的孩子和家庭，以及我們的孫兒——石開文，他們都是世界上最幸福的孩子，因為從小有書為伴，與愛同行。

許多小朋友愛問他們的爸爸媽媽：「我是從哪裡來的？」

我不記得小時候是否問過媽媽這個問題，但是第一次在生物課本上讀到達爾文的進化論時，我只有十五歲，科學竟然能如此有條有理的解釋生命的起源、多樣化、生存的理由等等，使我嘆為觀止。面對這樣一個生命進步演化的完整系統理論，我被深深的吸引，這是使我走上生命科學的道路，願意終身探索生命的奧祕，無悔的奉獻給生命科學的原因之一。

在 19 世紀的初期，那個科學知識很有限的時代裡，達爾文的母親在他只有四歲時，就用最簡單的東西帶他做最簡單的植物吸水實驗，讓他看到生命的流動與活力。這個幼時的第一個實驗，開啟達爾文的眼睛與心靈，使他接觸到生命裡許多肉眼見不到的奧妙，從此，他就不自覺的熱愛大自然裡的一切，對事物充滿好奇。比達爾文年長五歲的哥哥在家裡後院建了一個化學實驗室，達爾文在十三歲時，成為哥哥的實驗助手，並學會了做實驗的基本知識，同學們給他取了一個「氣體人」的綽號。這讓我想起生物老師第一次親自帶我做實驗的情景。

那個年頭，小學與中學裡雖然設有實驗室，但是老師上課教書，主要是寫黑板來講課，很少動手做實驗示範或是

讓學生親自做實驗，所以實驗室是備而不用，完好如新。就在我讀高中一年級時，寒假前夕生物老師叫我去她的辦公室，問我：「龔則韞，老師發覺妳對生物學很感興趣，我想讓妳參加校際科學比賽，可是現在就要開始做實驗，才能趕得及完成數據的收集與處理，並且寫好海報去參加比賽，寒假裡妳願不願意來學校跟我一起做實驗？」

老師很年輕，才從大學畢業兩、三年，對教學與學生很熱心。

「老師肯教我做實驗，我當然願意。」

我立刻答應了下來。可以做老師的助手，表示老師看重我，我一下子覺得自己長大了。忘了應該先回家徵求媽媽的同意以後再回答。回家後問媽媽的意見，體貼的媽媽沒有怪我自作主張，當然同意我去做。

老師帶著我做了兩個實驗。一個是觀察抗生素對細菌的殺菌力，另一個是做基因雙螺旋的標本模型。我們天天都做，開學後仍然繼續做，我像一個小跟班似的跟在老師後面，準備這個那個的，做做這個算算那個的。我非常喜歡這樣一份動手做實驗、印證發現、歸納分析的工作，比坐著聽課、讀書、學知識更有意思。

老師住在學校單身宿舍裡，在外包飯，每晚有人送來熱飯熱菜。有時候，我們實驗做得晚，老師就先帶我回她的家，跟她一起吃晚飯，然後我們再繼續做實驗，等告一個段落，我再搭公共汽車回家去。

我們的努力有了不錯的結果，參加比賽的成績揭曉，觀察抗生

素對細菌的殺菌力的那個實驗報告獲得佳作，另一個做基因雙螺旋的標本模型的實驗報告則獲得第一名。我就是如此學會做基本實驗和寫報告的方法，也看到了肉眼見不到的世界，我的內視野與外視野都相對的拉長、挖深。從此我迷上生命科學，終於走上生命科學研究的道路，終身研究生命的機制，至今樂此不疲，連睡夢中都會出現靈感或新發現。隨著科技的進步與儀器的日益精密，我們也越來越能理解生命的奧祕。

2003 年是瓦特森與克拉克發現基因雙螺旋模型的五十週年，《自然》有一本紀念文集出版，翻開書本的第一章，標題是〈巨人的肩膀〉，該章的第一頁是五個並排的嬰兒，第二頁的上半面是遺傳學之父孟德爾 （1822–1884

年）的照片，下半面是進化論之父達爾文（1809–1882 年）的畫像，文集內容就是從孟德爾與達爾文開始敘述。達爾文比孟德爾年長，達爾文理論在達爾文在世時就獲得世人接受，孟德爾定律則在他死後直到 1900 年才被科學界肯定。所以達爾文是比較幸運的科學家。

暫且不管孰幸與孰不幸，當達爾文到達加拉巴哥群島之後，發現雀鳥的鳥喙大小不一，大烏龜的背殼因為受地理環境的差異與食物位置的高低影響而演變出不同的形狀，以及陸蜥蜴與海蜥蜴的多樣化……，這種種發現，讓他受到極大的震撼，歷經二十多年的研究思考，於 1859 年推出石破天驚的《物種之起源》一書，公開闡述物競天擇的自然法則，撼動整個西方世界，打破當時堅信萬物是由上帝創造的真理。這本書已成為經典之作，至今仍是暢銷書，達爾文理論與人類的起源仍然是大家津津樂道的話題，支持該理論的更多化石證據也逐漸的出土，達爾文對世界的影響可以說是深遠流長！

為了寫這本有關達爾文的書，我讀了很多相關的資料，發現達爾文精於化學、數學、地質學、昆蟲學、自然學、經濟學、植物學、礦物學、哲學，他又勤於做精細的觀察與記錄，擅於思考與分析，

並專心致志於書寫與出版著作，不浪費精力和時間與人爭論。他的一生給我很大的啟發，身為生命科學家的我學習到兩個基本的重點，第一個就是：創新是科學進步的靈魂，這個啟發更可以推廣到更大的格局，那就是創新是萬事萬物進步的靈魂。第二個是既要博學亦求精讀，科學是一個綜合性的學科，除了要不斷精進自身的專業外，也要明瞭其他的相關科學，才能相輔相成，有朝一日才會成為大科學家。因此，借本書的一角，與小朋友們共勉之！

寫 書 的 人

龔則韞

祖籍福建省晉江縣，生在臺灣，長在臺灣。美國加州大學柏克萊分校公共衛生學院環境衛生科學與毒理學博士。現任美國國防醫科大學醫科和藥理科專任教授。曾獲多項獎章，並擁有發明專利。

愛好文學、音樂、寫作、戲劇，業餘時喜歡拉大提琴、唱歌、縫紉、烹飪、農耕及旅行。自小特愛大自然，養過許多小動物，種過許多花，以爬山涉水與越野翻嶺來擁抱藍天大地。願將行雲流水編成玲瓏詩歌，願將基因奧祕譜為生命旋律。

著有散文集《荷花夢》、童書《種瓜得瓜，種豆得豆——遺傳學之父孟德爾》及《十大排毒抗癌蔬果》。

雀鳥與蘭花

達爾文

世紀人物
100

達爾文

1809～1882

前　言

──人類的謎團

　　有一個英國科學家，他做過很多研究，也撰寫過很多書，其中，有一本名叫《物種之起源》的書特別有名，他在書裡這樣寫著：「我可以舉出很多事例來證明，一隻蜜蜂有多麼想花最少的時間來完成牠們要做的事。譬如，牠們會想到用嘴在花的底部鋸開一個洞，這樣便可以一點都不費事的從裡頭吸到牠們要的花蜜。」

　　他又寫道：「這可是我們人類不能理解的，但就因為這個現象，我沒有理由不相信：生物的體積形態，甚至長度曲度會一點一點的改變，而蜜蜂或類似的小蟲們便因這個微不足道的變化而獲得很多好處。譬如這隻蜜蜂或小蟲因為比別的同伴吃得快一

些，存活的機率就會比牠們高一些，並且牠會把這種特性傳給自己的後代子孫，因為活得比較好，所以牠的子孫後代也就生得越來越多。」

這位英國科學家就是進化論之父查理斯‧達爾文！

自從有人類文明以來，我們就一直迷惑不解，地球上有那麼多的植物、動物、微生物，都是有生命的東西，到底是誰把這麼多生命體放在地球上的？他們起源的過程是怎樣的呢？為什麼太祖公及太祖婆的特徵會一代又一代的傳下去？為什麼張三的孩子就有張三的遺傳，絕不會弄錯變成李四的遺傳？在西元前 400 年左右時，醫學之父西伯克瑞茲＊就提出一個說法：父母的身體特徵在孩子身上各占一半。

《聖經‧創世記》開宗明義就寫著：「起初神創造天地。地是

空虛混沌，淵面黑暗；神的靈運行在水面上。」第一天，神分出晝夜；第二天，神分出天地；第三天，神創造出青草菜蔬、樹木果實；第四天，神創造出兩個大光，一個管晝，另一個管夜，也創造眾星；第五天，神創造飛禽走獸以及昆蟲；第六天，神創造人；第七天，神創造萬物完畢，安息了。

　　一直在尋找答案的人們採納《聖經・創世記》裡的記載，相信一切生命體從被創造的第一天開始，就一直維持原狀到現在。這樣一個約定俗成的信念代代相

放大鏡

＊西伯克瑞茲　Hippocrates，希臘人，生於西元前460年，卒於西元前377年，一生奉獻醫學教學與診治。他跟隨祖父與父親學醫，後來，他的兩個兒子與一個女婿都是他的學生。他是第一位排除迷信、宗教、超神力等的醫生，教育眾人生病不是因為神處罰的結果，而是環境因素、飲食錯誤、生活習慣偏差的結果。他把醫學導向符合科學的正軌，走出非科學的迷思。人們敬佩他對醫學的貢獻而尊稱他為「醫學之父」！

傳，一年又一年，一共流傳了近兩千年，才開始有一小部分的自然學家提出新的理論，認為一切生命體是進化而來的，但是為什麼要進化？怎麼進化？這類的問題難倒了這些自然學家。

直到 1859 年，查理斯‧達爾文發表了震驚世界的《物種之起源》，他詳細的說明了地球上每一個可見的生命體，都是「生存掙扎」下的結果，而當生命體發展出最適合生存的條件時，新品種的生命體便如是產生了。生命體本身的多樣性為自己的生存能力營造了優勢，譬如：牛羊有反芻能力、雄鳥比雌鳥漂亮耀眼、魚每次下幾百萬個蛋……，牠們都是為了相同的目的──讓自己生存得更好，並且把這些好基因傳下去！所以，造成動植物多樣性的原動力並不是自然界一開始就創造許多不同的生命，而是為

了生存要去適應環境變化而產生的。

達爾文的進化論發表後，在當時的社會掀起了極大的波動與反對的聲浪。教會的地位開始動搖，人們開始不相信「神創造天地萬物」的觀念，許多人本來生活在教會的保護傘下，心裡頭平靜、快樂而滿足，如今進化論與教會的說法大大的矛盾，打亂了他們的平靜生活，也損害了教會的利益；另一方面，進化論也讓科學的研究精神逐漸受到重視。物換星移，幾經迭變，進化論中的「物競天擇」、「弱肉強食」、「適者生存」等理論流傳到今天，也廣泛的被大眾所接受了。

這位顛覆傳統思維的達爾文，是一個怎樣的人呢？他身高約 182 公分，體重約 67.5 公斤。頭髮是深棕色的，額頭髮線很

高，兩鬢有厚密的卷髮。他有一對藍灰色的眼珠子，眼眶深陷，眉毛濃粗，眉骨突出。他膚色健康紅潤，看起來身體很好，但實際上他長年為胃病與心臟病所苦。學生時代，他是個跑步健將，也是擲鉛球、丟標槍的好手。晚年在額頭上有著深深的抬頭紋，臉上蓄著落腮鬍，灰白色的大鬍子蓋住他半張臉，連他最好的朋友有時候也認不出他來。

　　他是一個大手大腳、也是笨手笨腳的人，走起路來左搖右擺，像一條船，慢而有力；說起話來常興奮得眼睛發亮，手勢很多，喜歡把手高高舉起，然後再「啪」的一聲，重重的拍在大腿上。當他談到一個他不確定或不熟悉的話題時，他會以「嗯……」或「啊……」的說話方式來應對，但如果是科學問題的話，他不僅是侃侃而談，而且會

越談越起勁，一直說個不停呢！
他究竟是如何發展出進化論的
呢？讓我們來看看他精彩的一生
吧！

1 出生

　　1809 年 2 月 12 日的這一天，美洲新大陸誕生了一位世界級的偉人 —— 亞伯拉罕・林肯*，而英國則降生了一位改變全世界思想的科學家 —— 查理斯・達爾文。達爾文誕生在雪柔派秀市的雪盧斯布里山，當時的英國國王是喬治三世*。

　　達爾文出生於醫生世家，父親、祖父、曾祖父都是醫生。達爾文的父親名叫羅伯特，他在 1786 年從愛丁堡大學*畢業後，就在雪柔派秀市開設診所，幫病人看病。羅伯特對待病人很有耐心，總是滿懷愛心與同情，所以診所才開業半年，上門求診的人數便大幅增加。他的診所一開業就是六十年，在當地很有威信。

　　羅伯特二十九歲時，娶了當

時的瓷器大王魏奇烏德*的女兒蘇珊娜，婚後兩人一共生了六個孩子*，包括四個女兒和兩個兒子。達爾文排行第五，有三個姐姐、一個哥哥和一個妹妹。羅伯特希望自己的兩個兒子將來也都能成為醫生。除了行醫有很好的收入以外，羅伯特也投資股票、

放大鏡

*亞伯拉罕‧林肯　1809 年 2 月 12 日生於美國肯塔基州的哈郡鎮，是美國第十六任總統，曾解放了黑奴。他的名言是：邪惡必亡，博愛必存。1865 年，不幸被暗殺身亡。

*達爾文那個時代的英國國王分別有：1760～1820 年，喬治三世；1811～1820 年，喬治四世（攝政王）；1820～1830 年，喬治四世；1830～1837 年，威廉四世；1837～1901 年，維多利亞女王。

***愛丁堡大學**　位於蘇格蘭的愛丁堡市，在 1583 年成立，是一所古老的市立大學。剛成立時，只有解剖學系，然後有手術科學系。如今什麼科系都有，包括最新的「人工智慧系」，美國只有麻省理工學院有這個科系。

愛丁堡大學最古老的學院是法學院與神學院，是該大學最出名的兩個學院。此外，醫學院也相當出名。

*至今，魏奇烏德瓷器仍然是全世界最有名氣的瓷器品牌，是瓷器界高價位、高品質的代表。

***羅伯特‧達爾文**的六個子女分別是：瑪麗安（1798～1888 年）；卡洛琳（1800～1888 年）；蘇珊（1803～1866 年）；伊瑞斯姆士（1804～1881 年），繼承其父衣缽，是一位醫生；查理斯（1809～1882 年），被後世稱為「進化論之父」；艾蜜莉（1810～1866 年）。

公債、銀行，由於眼光精準，使他成為當地出名的紳士與投資家，在地方上很有人望。他身高約188公分，體重約166公斤，又高又胖，像一座小山。達爾文後來跟他的朋友說:「我爸爸是我所見過最大號的人，也是最和善的人。」

其實，達爾文的一位伯伯也叫查理斯，當年讀醫科時，因為不小心被手術刀割傷，感染破傷風菌而死。羅伯特為了紀念他死去的哥哥，就將小兒子取名為查理斯，所以達爾文就和伯伯同名了。

達爾文是一個頑皮的孩子，小時候曾偷摘鄰居果園的水果；在商店裡順手牽羊，拿走糖果、蛋糕等物品；喜歡爬高牆，曾經從八呎高的牆上摔下來，摔得鼻青臉腫。他不愛讀書，每天只想捉蟋蟀、抓小蟲，種種狀況層出

不窮，而他的姐姐整天跟爸爸打
小報告，讓爸爸對他傷透了腦
筋。

2 第一個實驗

　　達爾文四歲時，有一天在客廳裡玩，他的媽媽蘇珊娜拿來一個紅色的小瓶子、一個透明的大瓶子，還有一支大湯匙，蘇珊娜說:「小查理斯，來，我們來玩一個遊戲。」

　　他一聽媽媽要跟他玩遊戲，很高興的說:「好！好！好!」他興致勃勃的看著媽媽手上的東西。

　　蘇珊娜先舉起紅色小瓶子，說:「這裡頭裝的是紅色染料，你的手碰到它，就會變紅色，你用指頭碰碰看。」蘇珊娜打開蓋子，達爾文舉起手，將食指伸到瓶子裡面再拿出來，果然，原本乾淨的指頭變成紅色的。達爾文的眼睛看著紅指頭，亮晶晶的充滿驚訝。

　　蘇珊娜又指著透明的大瓶子

說：「這裡面是水，就是你口渴時喝的水。」達爾文認得水，所以他很快的點點頭，表示知道了。

蘇珊娜說：「你將小瓶子裡的東西倒到大瓶子裡。」達爾文聽了，馬上打開小瓶子的蓋子，將裡面的紅色染料倒入透明的大瓶子裡，透明的水立刻被染紅了。

蘇珊娜又說：「你再用大湯匙攪一攪。」達爾文照著媽媽的指示做，瓶子裡的水變成均勻的紅色了。

蘇珊娜捧起大瓶子，對達爾文說：「跟媽媽過來。」達爾文跟著媽媽走到花房裡的一個盆子前，裡面種的是百合，白色的百合花正盛開著。

「告訴媽媽，這花是什麼顏色？」蘇珊娜問。

「是白色。」達爾文回答。然後他看見媽媽把紅水倒進花盆裡。

15

　　「你等一下要注意看看，這個白色百合花有沒有變色，知道嗎？」蘇珊娜說完便離開了。

　　達爾文留在花盆旁邊，盯著百合花，可是什麼都沒變，他就在花房裡東走走，西走走，東繞繞，西繞繞，東碰一碰，西碰一碰，然後又回去看一看百合花，不知經過多少次這樣來來回回的走，這次他回去看百合花時，立刻大叫：「媽媽，快來，快來！」蘇珊娜很快的走過來，達爾文指著百合花說：「它們變成紅色了！」

　　「嗯！那明天我們把百合花變成藍色，好不好呀？」達爾文很喜歡這個遊戲，很高興的說好。

　　第二天早上，達爾文醒來，還來不及盥洗、換衣服，穿了拖鞋就跑去看百合花，昨天的整朵紅百合花，過了一個晚上，現在只剩花尖還是紅色的，其他地方都變回白色了。

「媽媽，紅百合花不見了！」他失望的大叫。

蘇珊娜聞聲走過來，看一看花，摸一摸達爾文的頭，柔聲的說:「沒關係，我們等一下把它變成藍色百合花。來，先去盥洗，換衣服，吃早餐。」

吃完早餐後，達爾文催著媽媽趕快將白色百合花變成藍色。蘇珊娜又拿出與昨天相似的小瓶子，裡面裝著藍色的液體，還有一大瓶水及一支大湯匙。他不等蘇珊娜的指示，就按照昨天的方法開始操作。蘇珊娜也沒有阻止他，靜靜的看著他把透明清亮的水攪成寶藍色後，才幫他捧起水瓶，把水倒進同一個花盆裡。

「你留在這裡觀察，看看它們會不會變成藍色的花。」蘇珊娜說完，就走開了。

達爾文又在花房裡走來走去，不知道過了多久，他看見了

藍色百合花。他跑去找蘇珊娜，跟她說：「媽媽，媽媽，我看見藍色百合花了！」過了一會兒，他問：「可是它們為什麼會變顏色呢？」

「因為它們喝了有顏色的水啊！」蘇珊娜回答。

「可是我喝橘色的橘子汁，我也沒有變成橘色啊！」達爾文立刻舉一反三的說。

「人不會變色，只有花才會變色。」蘇珊娜說。

達爾文不懂人與花有什麼不一樣，就問：「為什麼人不會變色？」

「你太小了，還不懂，等你長大後，慢慢就能理解了。」媽媽這麼說，達爾文也就不追問了。

蘇珊娜無意中替達爾文上了一堂自然科學實驗課，也激發了他日後對大自然歷史發展的興趣。蘇珊娜帶著他認識花草樹

木，種這個花，種那個草，捉蟋蟀，養貓狗⋯⋯達爾文很聽媽媽的話。不幸的是，達爾文八歲時，年僅五十二歲的蘇珊娜病逝了，達爾文非常傷心，他不但沒有了母親，也失去了一個最好的玩伴。之後的日子就由姐姐們來照顧他。

他的姐姐卡洛琳是第一個教他讀書的人，他跟這個姐姐的感情最好。後來羅伯特才送他進入喀斯教會小學讀書。

達爾文天性害羞，又有些懶惰，常常心不在焉，所以在學校裡的表現只是普普通通，並不出色。可是另一方面，他卻樂於對同學展現他的體育天分，短跑、丟標槍、擲鉛球等都是他的強項。

就像一般的小男孩一樣，達爾文喜歡收集石頭、昆蟲、銅板、郵票，以及任何奇奇怪怪的

東西。他還特別喜歡狗以及釣魚。他整日東玩西蕩，就是不肯用功讀書，姐姐卡洛琳很不高興，常跑去跟爸爸羅伯特打小報告說：「查理斯很懶惰，不肯好好讀書，爸爸，您要想辦法啊！」

羅伯特一聽，就說：「嗯，我也很擔心小查理斯長大會變成一個不成材的人，我打算把他送去寄宿學校讀書，由那裡的老師來管教他，如此一來，他想要懶惰都很難！」

那時達爾文才九歲，羅伯特便將他送到白特樂教會學校寄宿讀書，幸運的是，學校與家裡只隔著一條河，達爾文可以經常跑回家和家人相處。

這個學校專教古代歷史與希臘文，達爾文覺得很無趣，不但學得很慢，日子也很不愉快，在整個學習過程中，他的表現都是死氣沉沉的。後來，他開始接觸

許多課外讀物，比如莎士比亞的歷史劇本，拜倫、史考特、湯姆森等人的詩，還有郝瑞斯頌詩等等，都讓他覺得很有興趣，也幸虧有這些課外讀物，他才能勉強留在那個沉悶的學校裡念書。

閱讀課外讀物對達爾文有很大的啟發，尤其是《世界奇觀》那一本書，已經悄悄的在他的小腦袋裡種下日後到外地歷險的種子呢！

學校放暑假時，羅伯特總是帶全家到北威爾斯度假，那裡的自然景觀還保留著原始的靜謐與優美，達爾文每次都開心的收集貝殼、石頭、昆蟲、化石、地質樣品等任何他覺得有趣的東西，更重要的是，他有機會看到大自然的美麗、富饒與多樣——他對大自然的興趣是越來越濃厚了。

3 做哥哥的實驗助手

　　當達爾文十三歲時，他的哥哥伊瑞斯姆士在家裡的後院建了一個小化學實驗室，他去求哥哥說：「哥，讓我做你的助手好不好？你不必給我錢，你只要教我怎麼做就行了。」

　　「好，但是做化學實驗是很危險的，你得聽我的話，只要你有一次不聽話，你就不准再做我的助手了。」比他大五歲的哥哥用很權威的語氣說。

　　「我一定聽你的話。」達爾文一再的發誓、保證著。

　　於是兩人開始一起做氣體實驗，雖然經常忙到三更半夜，但他們仍樂此不疲。他從哥哥那裡學會做實驗的技巧，學會製作氧氣、氫氣、氮氣、二氧化碳、二氧化氮等氣體最基本的過程，也

學會寫實驗筆記及記錄結果。但是他的同學對他這項新愛好抱著嘲笑的態度，謔稱他為「氣體人」，他的學校老師罵他浪費時間做無聊的事，他的姐姐擔心他會把房子給燒了。可是達爾文從哥哥那裡學會了正確的科學實驗方法與技巧，對他日後的科學研究有很大的幫助。

1825 年，達爾文已經十六歲了。一天，羅伯特收到了達爾文學校寄來的成績單，打開一看，勃然大怒，把他叫來訓斥著說：「你什麼正事都不做，整天只是射槍、玩狗、抓老鼠，再這樣下去你會讓你自己和你的家人蒙羞！」羅伯特氣壞了，達爾文則是嚇得不敢出聲，也不敢告訴爸爸他覺得學校的課程有多無聊。

「你長大以後到底打算做什麼？」羅伯特問兒子。

「我……我……我不知道。」

達爾文唯唯諾諾的說。

　　羅伯特看他對未來沒有任何的計畫、方向和目標，於是決定依據家族傳統，讓他學當醫生。羅伯特用他醫生的身分與校友的關係，送達爾文去蘇格蘭的愛丁堡大學註冊就讀。這是一所在歐洲享有盛譽的大學，裡頭的醫學院很出名。入學前的那個暑假，達爾文就在爸爸的診所裡做助理，幫忙治療窮人與婦孺，他對病人很好，很有耐心，羅伯特很驚訝的發現這個兒子有醫療的天分，工作似乎也很愉快。

4 愛丁堡大學的日子

　　1825 年 10 月，達爾文進入愛丁堡大學就讀一年級，他的哥哥伊瑞斯姆士已經讀完劍橋大學的醫學院課程，特地轉到愛丁堡大學來和他一起住。伊瑞斯姆士除了準備醫生執照的資格考試外，也幫達爾文複習功課。

　　達爾文很喜歡湯姆斯・後普教授的化學課，但是對傑姆森教授的地質學卻興趣缺缺；至於他的本科——醫學，更令他覺得無聊到極點，加上他天生又怕看到血，而當時的手術常在病人未經麻醉的情況下進行，更讓他覺得恐怖至極，甚至逃出手術室，所以他認為自己根本不是當醫生的料。

　　雖然他在醫學院裡就讀，但是他卻很少讀醫學方面的書籍，

反而大量閱讀醫科以外的書籍。在那段期間，他還認識了約翰‧愛德蒙斯通。約翰是一個從南美洲古雅那來的黑人，住在愛丁堡，專教醫科學生怎麼做標本，由於達爾文與約翰住同一條街，兩人很快就成為好朋友。1826年2月，達爾文付錢請約翰教他做標本，同時也藉機詢問約翰有關南美洲的風土人情與地理景觀。約翰對南美洲的種種描述得很詳細，達爾文的腦袋裡滿是南美洲的知識訊息，開啟了他日後到南美探險的機緣；而他學會製作標本的手藝，更對他日後的標本收集工作有著莫大的幫助。

　　大學第一個暑假裡，達爾文先是去北威爾斯爬山，又讀了吉爾伯特‧懷特的《塞耳彭自然史》（1789年出版）。他從書裡認識了許多鳥類、昆蟲及其他生物的品種，獲益良多。另外，他

也在觀察野鳥時養成了製作調查筆記的習慣，而這個勤作紀錄並力求詳盡的訓練過程，對他日後的研究有著非比尋常的重要性。

達爾文讀二年級時，參加了皮力尼安學會，那是一個以博物學為主，研究動、植物等自然科學的組織，1827年3月27日，達爾文在學會作了第一次演講，講題是「愛丁堡北部佛斯灣潮間帶的海洋生物研究」，演講內容引起會眾熱烈的辯論，並且繞著「進化論」討論，這是達爾文第一次聽到「進化論」，但是還沒有理解到它的重要性，更不知道日後自己會對它研究一輩子。

在此同時，達爾文與學校老師羅伯特‧葛蘭特＊教授變成了好朋友，他們常常一起去散步、討論海洋生物學，並且結伴到各處去採集標本。達爾文會將兩人收集來的標本進行解剖，而葛蘭

特教授則教他如何觀察與發現特殊的標本。

　　在某次散步途中，葛蘭特教授對達爾文提到進化理論的發展，他說：「進化的理論其實開始得很早，遠在西元前 520 年時，希臘哲學家阿那西曼德寫了一本叫《有關大自然》的書，就介紹了『進化』的思想，還指出生命是從黴菌開始的，它們先活在海裡，然後逐漸移到乾燥的陸地上

放大鏡

＊**羅伯特‧葛蘭特**　1793～1874 年，原是醫生，但是他放棄醫學而改讀海洋生物學，是一個自由主義者，反對教會，不相信神的存在，以生物化石證明低品種進化成高品種的論點，是法國自然學家拉馬克（Jean-Baptiste Larmarck，1744～1829 年）思想的崇拜者，屬於進化論的激進分子。

　　羅伯特‧葛蘭特原任教於愛丁堡大學，在 1827 年轉去倫敦大學任教。他是達爾文在愛丁堡大學讀書時的老師，特別喜歡達爾文，天天帶著達爾文散步，為達爾文講述許多進化理論，灌輸達爾文拉馬克思想，兩人後來變成很好的朋友。

　　當他得知達爾文從南美洲探險回來，帶回很多標本時，曾主動要替達爾文做鑒定工作，但是他的激進思想及與教會的對立，使得達爾文不敢跟他太接近，也不願意將標本交給他鑒定。兩人的關係也因此而日漸疏遠。

來，於是各個物種便隨著時間演化。

「大約在西元前 500 年時，謝諾芬斯研究化石，也提出生命演化的各種理論。到了西元前 350 年，亞里斯多德在研究海洋生物時，發展出一套演化模式，並為所有的動物分類。在他之後，與進化理論有關的研究則是一大段空白，直到 1686 年約翰‧瑞寫了一本《植物史》，將一萬八千六百種植物分類描述，並以『所有植物都來自一棵植物』的基礎為物種下定義，才又開始了進化理論的發展。

「1735 年，瑞典自然學家卡柔路斯‧林納斯在《自然系統》一書中，提出生命分類的方法，至今仍然被採用著，他相信新物種是由於不同物種交配的結果，但是神是最高力量，控制一切演化。」

　　葛蘭特教授停下來喘口氣，看達爾文聽得入神，接著又說：「到了 1749 年，法國自然學家侃姆特‧伯芬認為神創造所有生命體，並安排了等級，人是最高級；進化的原因是環境，而不是物種間的生存競爭。1751 年，皮爾瑞‧毛珮徒斯則在著作中提出了『強壯的動物有較多的後代』這樣的看法。1770 年，查理斯‧博內特認為進化論就是生命體爬樓梯，越高越聰明，猿猴變成人，人變成天使。後來，到了 1794 年，你的祖父＊認為所有生命體來自共同的祖先，然後分支

＊就是伊瑞斯姆士‧達爾文，生於 1731 年，卒於 1802 年，他是 18 世紀的英國名人，是著名的醫生、詩人、哲學家、植物家、自然學家。他於 1794 至 1796 年間發表了「有機生命法則」的理論，包含了所有生命來自同一個祖先的概念，與拉馬克的理論相近。他相信強壯的動物會生出更多的後代，而這些後代具備良好的生存能力，能夠代代相傳。他在生物學上的思維與做學問的方法是整體性的，對後人的影響深遠。

成今日所見的各樣生命，他相信物種轉突變是競爭與交配選擇的結果，不過他沒有任何實驗數據來支持他的理論。

「1809年時，約翰‧拉馬克在《動物哲學》這本書中指出：生命體是從簡而繁，不會絕種，常用的器官會越用越大越進化，不用的則會越來越退化，而這些特性會遺傳給後代，他是第一個發明『無脊椎動物』這個名詞的人，也是第一個在1802年用『生物學』這個名詞的自然學家。同時代的另一位法國專家喬治‧庫維爾則相信物種會絕種。」

達爾文一下子聽到這麼多有關進化論的看法，心中雖然興奮不已，但這時的他畢竟還太年輕，對《聖經‧創世記》上所說的也沒有懷疑，縱使葛蘭特教授將進化論的發展歷史說明得很詳細，達爾文腦中卻仍是沒有任何

條理，也還沒有得到啟發。

　　大二學期末時，達爾文再次因為沒有用功讀書而成績不佳，羅伯特知道後，便叫兒子退學回家。身為父親，羅伯特為這個「懶惰」的兒子的前程，又再一次想破頭，傷透腦筋。他把達爾文叫過來，問他：「兒子啊，你年紀也不小了，總得為你自己的未來好好想一想啊！你到底喜歡什麼科目呢？」

　　「我知道我不喜歡希臘文學和神話之類的科目，我也不喜歡醫學，因為我看到血就會暈倒。」達爾文很快的說。

　　「那總有讓你喜歡的吧？」羅伯特問。

　　「我喜歡旅遊、健行，看野外的東西。」達爾文說。

　　「可是大學裡沒有這樣的科目讓你讀啊！兒子！要不你去讀地質學好了，可以到處測量。」羅

伯特說。

「地質學是天底下最無聊的科目，我才不讀。」達爾文立刻拒絕這樣的建議。

「那麼你要讀什麼呢？你總要讀到大學畢業，找一份工作，不能做一個遊手好閒、無所事事的人啊！這樣吧，牧師是一個令人尊敬的職業，待遇也不錯，你去讀神學院，將來當個牧師，這樣也不愁找不到工作。」羅伯特當機立斷的說。

達爾文認為這一次老爸可是出對了主意，因為許多牧師也同時是自然學家。他幻想有一天，可以帶著一群教會的朋友，在空閒時去做野外調查，因此聽從了父親的建議，準備進入劍橋大學讀神學。

到劍橋大學報到之前，達爾文開始對女孩子產生了興趣，他對他姐姐的好朋友凡妮‧歐文很

有好感，經常找機會去看她。凡妮是一位漂亮的金髮小姐，說話聲音輕輕柔柔的，非常好聽，她喜歡看小說、讀詩，也喜歡打扮得光鮮亮麗，出門四處遊玩。她與達爾文越走越近，兩人開始交往，但後來還是宣告分手。

5 劍橋大學的日子

　　1828 年，達爾文轉入劍橋大學*神學院就讀。但他還是本性難移，對那些課程又開始覺得無聊、沒意義、缺乏挑戰性，於是他天天到郊外打鳥，和朋友們打

橋牌，參加派對嬉戲，並讀了更多的莎士比亞作品，甚至去學做版刻。

在劍橋大學的三年裡，達爾文當然無法忘情他的自然學，他還發展出另一個新愛好──收集甲蟲。他的表哥威廉‧佛克斯也在劍橋大學讀書，威廉表哥教他「昆蟲學」與「昆蟲分類學」，還有做野外研究的技巧。達爾文一有空閒就會跑去郊外抓甲蟲，他的女朋友凡妮常常因為兩人見面時間變少而罵他浪費時間。第二年寒假時，達爾文原本計畫回去找凡妮的，後來他改變主意決定留在劍橋抓甲蟲，凡妮很生氣的質問他：「查理斯，你到底是怎麼了？那些蟲有什麼好？你將來就靠那些蟲找工作嗎？你先前說好要來找我的，現在卻寧可留在學校裡捉蟲，那些蟲到底有什麼迷人的地方？」

「嗯 …… 啊 …… 」達爾文不曉得要怎麼回答，只能支吾以對。

兩個月後，凡妮決定與達爾文分手說再見，達爾文很傷心，但是一點也不後悔。他努力收集甲蟲的過程幫助他學會鑑定、分類、比較解剖學等方法，最重要的是他學會了如何提高在野外研究的效率。

某個星期五的夜晚，威廉表哥帶達爾文去約翰‧史帝芬斯‧亨斯洛＊牧師教授的晚餐派對。亨斯洛教授每週五都會舉辦這樣的晚餐派對，專門給上流社會的子弟非正式的講解各種科學知

＊約翰‧史帝芬斯‧亨斯洛　1796～1861年，對達爾文的早期科學生涯有巨大的影響，是他介紹達爾文去小獵犬號參加南美洲航海考察隊。當達爾文出航的四年十個月中，他給予達爾文很多的指導與建議，譬如該收集什麼標本，如何運回收集品，替達爾文保存運回英國的標本，幫忙尋找鑑定的專家，如何建立理論，鼓勵達爾文研究科學與發表論文等等，是達爾文的最大恩師。

識。達爾文聽講時既專心又認真，留給亨斯洛教授很好的印象，於是亨斯洛教授便邀請達爾文來上他的植物課。達爾文三年級時，亨斯洛教授還私下教他「數學」與「神學」。他非常欣賞這個學生，常帶著他散步，討論各種學問，很快的，路上的鄰居都稱呼達爾文為「與亨斯洛教授散步的人」。

由於前後幾位老師的私下教導，達爾文對「數學」、「化學」、「植物學」、「昆蟲學」、「地質學」、「礦物學」等學科漸漸精通起來，在對自然學有了足夠的信心與熱情後，他終於找到自己的人生方向——做一個自然學家，並且相信，他若有些機運的話，也可以在自然學的領域裡有小小的貢獻。

當達爾文告訴亨斯洛教授，他有興趣去卡那里島探險時，衷

心要培育達爾文的亨斯洛教授於是把達爾文介紹給教地質學的亞當·瑟居威克教授。1831年的春季班開學了，達爾文選修了瑟居威克教授的地質課；夏天時，他跟隨瑟居威克教授到北威爾斯研究地質，由瑟居威克教授實地教導達爾文有關「地質學」的知識與技術。

當達爾文考完畢業考試，以第十名（共有178名畢業生）的成績從劍橋大學神學院畢業時，他也同時讀完兩本偉大的書籍，一本是約翰·何爾雪兒的《自然哲學的初步探討》，啟發他明白世界有無限多的新東西可以被發現；另一本書是亞力山大·忽姆波特的7集《1799～1804年的美洲依群諾可提兒地區之旅的個人自述》，這套書的內容令他非常嚮往南美洲。

除了自然學科的學習之外，

他常常去「金氏學院」聆聽教堂
聖詠演唱，特別喜愛莫札特、韓
德爾、貝多芬的交響樂與序曲。
達爾文雖然不會彈奏任何樂器，
但是他樂於欣賞任何美妙的音
樂。

6 南美洲探險

——小獵犬號航海考察隊

當時，英國國王是威廉四世，他很支持出海探險的研究。達爾文本來計畫跟他的朋友馬麻德・瑞穆瑟去卡那里島探險，但是夏天時他的朋友卻意外死亡，探險的計畫只得取消。1831年8月29日半夜三更他從北威爾斯旅遊回來，他的桌上有一封信，他拿起來打開看，是約翰・亨斯洛教授和喬治・皮卡克寫來的，信上說：

親愛的查理斯：

我們剛獲知有一條船，叫做小獵犬號，預訂去南美考察，為期兩年，正在組織考察隊，預計是9月25日開船。我們知道你一直想去南美洲探險，所以，我們獲知此事時，就想到

你，也就趕緊通知你，假如你願意參加的話，趕快跟船長羅伯特‧費茲若依聯絡……

達爾文來不及看完信就高興得跳起來，立刻回信答應接受邀約。第二天早上，他醒來，隨便盥洗一番，就拿著信去找他的父親。在餐廳裡，他的父親及幾個姐妹正在吃早餐，他高興的坐下來，對父親說:「爸爸，我昨天回來看到我教授的來信，他們說有一條叫小獵犬號的船計畫出航到南美洲考察，正在招攬人才組織考察隊，我想要參加，好嗎?」

「你剛畢業，應該趕快找一個教堂去做牧師，怎麼還要去登船出海考察?唉，你真是讓我傷腦筋，這船要出去多久?」羅伯特問。

「信上說預計兩年。」達爾文老實的說。

「啊，兩年，太長了。等你回來，人家看你已畢業兩年還沒有做牧師的經驗，你要去跟剛畢業的人競爭，很難喔！」羅伯特說。

「我也反對你去。」姐姐卡洛琳插嘴說。

「你看，連最愛你的姐姐都說你不應該去。」羅伯特看見女兒支持他的看法，就更不認為兒子該去探險。達爾文本來發亮的臉上立刻爬滿了失望。

羅伯特很愛這個兒子，不忍心見到兒子如此的失望，就對他說：「假如你能找到一個有理性的人認為你去參加航海考察隊是一件有意義的事的話，我就讓你去。」

「好，我們一言為定！」達爾文說完，便回房間去了，因為他已經沒有胃口吃早餐了。他在房間裡發了一會兒呆，思考著要去

哪兒找一個肯支持他去探險，又符合爸爸要求的人？他懶洋洋的提筆回信給亨斯洛教授：「……很不幸，我父親和姐姐都不准我參加小獵犬號考察隊……」

在此同時，羅伯特也寫信告訴他的小舅子玖斯阿‧魏奇烏德此事。他在信上說：

親愛的玖斯阿：

我好憂愁啊！我的二兒子從劍橋大學的神學院畢業了，他應該開始找教堂去應徵牧師工作，但是他剛接到信，說有一艘船叫小獵犬號的，正要找人組織考察隊，出海去南美洲考察，為期兩年。但是我和我女兒都反對這件事，我們認為這是他不做正經事的另一個拖延方式與藉口，同時也妨礙他開始做牧師的工作。但是我又不忍心看他失望，你替我分析一

下，到底我該不該讓他去呢？
……

當天下午，達爾文啟程去玖斯阿舅舅家準備跟他們一家人去打獵遊玩。他也藉機跟玖斯阿舅舅討論參加航海隊的事。經過數次的溝通之後，玖斯阿舅舅同意這是一件很有意義的事，他寫了一封信給羅伯特，說明此事的意義與好處，應該讓達爾文去。9月1日清晨，達爾文醒來後，正在準備打獵的東西，玖斯阿舅舅走進來跟他說：「你家裡發生急事，要我跟你一起回去。」

達爾文一聽，心都揪成一團，以為他那又高又胖的父親出事了，立刻問：「發生了什麼事？」

「不知道，趕快收一收走吧！」玖斯阿舅舅說。

兩人急急忙忙的上路，達爾文一路忐忑不安，終於到家後，

他一進門就問爸爸：「家裡發生什麼事了？」

「你可以去航海隊了！」羅伯特繃著臉很凝重的說。

「您說什麼？您同意我去了？」達爾文以為他聽錯了。

「是的，我同意你去了，你舅舅來了一封長信，說這是一件又好又有意義的事，一定要我同意你去，所以我堅守我的諾言，讓你去。」羅伯特忍不住哈哈的大笑說。

達爾文轉過身，抱緊身後的玖斯阿舅舅說：「我的上帝，真謝謝您的幫忙！您路上一句話都不透露，我好擔心家裡發生了什麼不好的事。」

玖斯阿舅舅只是高興的拍拍他的背脊，說：「能去就好，能去就好！」大家哈哈大笑，樂得不得了！羅伯特還說：「兒子，你航行需要的錢和一切東西，爸爸全部

買給你！」達爾文得到父親的全部經濟支援，這真是天大的好消息。

為了爭取時間，達爾文立刻坐上馬車前去倫敦。一路上馬蹄「踢踏——踢踏——」的響，在達爾文聽來實在好慢，他真擔心位子已經全滿，人家不要他了，他恨不得能長出翅膀飛過去，立刻見到船長。9月5日，他到了倫敦，去見羅伯特·費茲若依，一開口就問：「船長，我是查理斯·達爾文，我父親答應讓我參加您的航海隊了，您還有位子嗎？」

「你真好運，有一個人先是接受，後來又退了，你就遞補他的位子吧。」費茲若依船長看一看眼前的這個年輕人，然後說：「你答應來，就不可以反悔了。」

「我一定來，絕不反悔。」達爾文大喜，趕快答應了。

「那好，我們因為籌備的細節還沒準備好，船要延到 10 月 10 日才開。你那時上船集合就行了。」船長說。

達爾文內心充滿喜樂與緊張，高興的是他的南美洲探險的夢想終於要實現了，緊張的是他的夢想會不會實現全看船長，假如船長突然變卦不開船了，他的美夢就會破碎了。所以他就在船長辦公大樓附近的春園街 17 號租房住下來，每天除了買航行需要的日用品之外，就是去找船長討論航海細節。船長見他如此熱心，也就把他當作助手，跟他談了許多關於航海的事情。

開船日期一延再延，12 月 3 日，達爾文開始可以搬到船上住了。他被分配住在畫圖室，那是一個九呎寬十一呎長的房間，四周牆上有書架、櫃子、爐灶、廢物箱。房間中央有一張四呎寬六

呎長的畫圖桌。他沒想到這一住就住了大約五年。

　　小獵犬號終於在 12 月 27 日星期四上午十一點於皮利莫斯港口啟航，共有七十三位船員。那是一個晴空萬里、風和日麗的日子，達爾文的爸爸與哥哥、姐姐、妹妹都來送行，大家竟然有些依依不捨，羅伯特抱著兒子說：「兒子，你好好學習，這兩年裡，我會幫你聯繫教會，為你兩年後回來的牧師工作做一些安排，你放心好了。」

　　姐姐卡洛琳也過來抱著弟弟說：「你要照顧好自己的身體，若病了，不要怕，多休息就會好。」

　　爸爸和哥哥也在旁邊異口同聲的說：「注意身體的信號，一有不對就休息，很快就會好。」這個醫生世家第一個注意到的就是健康。達爾文心裡知道：出門在外，一切得自己小心了。

　　沒想到船一開始航行，達爾文就開始暈船，暈得他頭昏眼花，他一刻也待不下去，只盼望船趕快靠岸，好讓他可以下船。

　　他在心裡反覆的自問：我要暈船暈到什麼時候啊？會不會過一些日子就會好？我能撐得下去嗎？我要不要就下船不幹了？我若不幹了，那麼我的夢想不就永遠不會實現了？那麼我做一個自然科學家的願望可能就不會達到了。假如我吃不了這一點苦，我又怎麼能學到別人學不到的東西？我不能放棄這個機會，好不容易爭取到父親的全力支持，如果我放棄了，以後他都不會支持我了。不行，我一定得為我的夢想撐下去！暈就暈吧，我不相信我會暈很久，就是一直暈，我也不相信我會被暈船擊垮！他像一個中古世紀的英雄，彷彿要上戰場為國家的命運赴湯蹈火，慷慨

激昂的為自己的理想下了果斷的決心，這一個決心使他日後成為「進化論之父」！

經過一個星期的航行，船於 1832 年 1 月 6 日抵達特尼非島的聖他庫如斯，可憐的達爾文以為可以上岸休息，讓他解除暈船的痛苦，但是那時的英國正流行霍亂，所以船上人員不能上岸。達爾文只好唉聲嘆氣的再暈下去！

1 月 16 日，小獵犬號抵達卡珮威爾帝島的聖提牙哥港，達爾文如獲大赦，趕快上岸解除暈船的痛苦，果然一上岸，他的暈船就好了。他立刻進行探查研究的工作，考察了幾天，他發現懸崖峭壁上有一道橫向白痕，離水平線有四十五呎，他將這個發現記在筆記本裡。

2 月 28 日，船抵達巴西的薩爾瓦多。達爾文很氣憤的發現當

地居然有黑奴！他跟費茲若依船長說：「我們跟世界上的萬物一起存在，一起使用這個地球，沒有誰比誰好，也沒有誰比誰差，而這裡竟然有黑奴，這太離譜了！」

「他們是黑人，是比我們差，所以把他們當作奴隸，沒有什麼不好。」費茲若依船長說。

「哎呀，你怎麼會這樣說話？誰判斷得出來黑人比白人差？我們白人憑什麼可以奴役他們？我們怎麼可以驅使他們像驅使牛馬一樣？他們跟我們一樣，是人啊！」達爾文氣憤的說。

「我們可以驅使牛馬，為什麼不可以驅使人？」費茲若依船長也氣起來了，不服氣的反問。

「我們驅使牛馬，也是一種錯誤，我們讓牛馬幫我們做事，譬如耕田、拉車、運輸等，我們都應該給牠們對等的待遇，應該給適合的東西吃，乾淨的地方

住。同樣的，請人來工作，也應該給合理的待遇，要付對方工資，怎麼可以任意販賣人口？這樣將人買來賣去，讓他們喪失人的基本尊嚴，這太不對了！」達爾文越講越生氣，世界上竟然有如此不可思議的事情！

「人不是萬物之靈嗎？人會思想，會創造，會借物用物，會不斷的改善環境，會累積智慧，黑奴不過是其中的借物用物罷了。」費茲若依船長還是不同意達爾文的看法。

「你這個人怎麼這麼不懂得尊敬萬物，尊敬大自然？不尊敬，就會互相破壞，那麼最後我們不但損害了大自然，也損害了自己，這就是害人害己，你說，有什麼好處？」達爾文的怒氣還是沒有降溫。

「這又不是我們英國的問題，你在懊惱什麼呀！你這人真

是奇怪！」費茲若依船長說。

「嘿，你到底有沒有正義感？這雖然不是我們英國的問題，但是人與人，物與物，人與物，都不可以互相欺侮。人天合一，人天相應，就是人與大自然和平共處，互相照應。」達爾文又說。

達爾文的人文主義讓船長很受不了，費茲若依船長一氣之下，不准達爾文與他同桌進餐。但是數天後，船長想了又想，達爾文的話其實有幾分道理，尊敬大自然是很重要的。所以費茲若依船長跟達爾文道歉，請他回來與他同桌吃飯，達爾文也樂得接受他的道歉。

4月3日，小獵犬號停泊在巴西的日歐德哈內柔港，船員收到他們出航後來自英國的第一封信，達爾文從家人的來信中獲知，他的前女友在去年的5月嫁

給一個富有的政治家，雖然他們已經分手了好久，但是這個消息還是讓他難過了半天。他索性跑去森林裡捉小蟲和收集植物，而這些奇珍異品的確讓他心情平靜下來。但他又看到黑奴被虐待的情形，心裡更加憤憤不平。

4月25日，他從森林裡回到海邊，才知道小獵犬號開回薩爾瓦多去重新測量一些數據，達爾文就安心的留在日歐德哈內柔港，並且繼續收集標本，還寫信回家報平安。6月6日，小獵犬號回來了，有三位船員發燒死了，隨船醫生引咎辭職，並搭乘太恩船回英國去，於是班傑明・拜諾易被任命做代理隨船醫生。

8月19日，達爾文寄出第一批包裹給亨斯洛教授，裡面有岩石、熱帶植物、陸地動物、甲蟲、海洋動物等。8月22日，小獵犬號沿著帕塔溝尼阿海岸線航

行，達爾文找到很多奇怪的化石，一個也不捨得丟的全都拖到船上，預備運回去，船長覺得他真是一個怪人，很不可思議。11月24日，達爾文寄出第二批樣本給亨斯洛教授。12月18日，他們到達固德成功海灣，雖然語言不通，但是原始土著的純樸無華與原始生活讓這些文明人有了一番嶄新的感受，依靠著身體語言，彼此互動良好且相處融洽。船員教土著一些耕種的新技巧，把外地的文明帶進去，為他們改善生活的品質。除了收集到許多標本之外，達爾文也因此見到人性中美好的一面。

1833年3月，小獵犬號到了福克島，當地的化石特別多種，達爾文開始進行化石的比較與研究。船長買進一條補給船，命名為「探險號」。5月，到了蒙特費地歐，達爾文寫信給姐姐卡洛

琳，說：

親愛的卡洛琳姐姐：

　　妳好嗎？我在船上，船長與船員都對我不錯，但是只要一開船，我就暈船，暈得我只能倒在我的木板床上昏睡，真是好難過。我想要求父親准許我僱用一名助手，年薪大概是六十英鎊。妳幫我去跟父親說這件事，好嗎？有了助手以後，我就算暈船，收集考察的工作也不會受影響了。

　　　　　　　妳的小弟查理斯

　　卡洛琳一接到信，立刻興奮的讀了起來，發現弟弟一直不停的暈船，實在是心疼，但是也沒法子可想。她認同弟弟要僱請一個年薪六十鎊的助手的主意，她趕忙去跟父親商量，父親一聽達爾文會暈船，也是心疼得很，所

以就答應了支付助手薪水一事。達爾文接到姐姐的回信後，便催了辛姆士·卡文頓做他的幫手。他教這個助手射擊與做標本的方法，他自己則可以多做觀察記錄。7月，他寄出第三批樣本給亨斯洛教授。當小獵犬號到了雷歐尼葛河時，達爾文上了岸，騎馬去上游觀察。11月時，他寄出第四批樣本給亨斯洛教授。此時，達爾文對化石特別熱中，專門收集大化石。1834年，他們重新回去蒙特費地歐，意外的發現土著居民已放棄新技術，又回到他們的原始生活方式。2月12日是達爾文的25歲生日，船長命名該處最高的山為達爾文山，為達爾文慶祝生日。

7月，小獵犬號到達智利，達爾文卻因長期暈船，水土不服，而一直生病發高燒，但是他不忘記工作，仍然抱病到處觀察

記錄與收集樣本。 9月，他寫信回家，他說：

親愛的卡洛琳姐姐：

　　妳好嗎？我們來到了智利，雖然我一直在發高燒，可是我還是上岸去觀察、學習、寫筆記。不過船長與船員都很照顧我，妳和父親可以放心。自從有了辛姆士‧卡文頓做我的助手以後，考察進行得很順利，謝謝父親對此事的支持。我已經寄出四批樣品到亨斯洛教授處了。

　　　　　　　　妳的小弟查理斯

　　10月，達爾文再寄出第五批標本。小獵犬號又去了成柔諾薩奇培拉哥、奇樓島、瓦第威阿等地。 1835年2月20日，瓦第威阿發生大地震，所有的樓房全部倒塌，達爾文發現蔡日蔡娜島上升

了幾呎，直接證據說明安德斯山脈及整個南美洲是慢慢升出海洋水面的，也證實了查理斯‧雷厄樂的理論：地球是很老的，隨著地層的變化，地表也會變化。土地會變多也會消失。當發生地震時，土地會慢慢的升出海洋水面而變成海島。

7月，他們到達李馬、祕魯。8月時，達爾文收到姐姐的來信，他欣喜的打開信來讀。

親愛的查理斯：

你不斷發燒，讓我們急成一團，你有沒有藥可以吃？有沒有按時吃藥呢？在那樣荒涼的熱帶島嶼上，一定有很多原始而罕見的疾病，文明的世界裡可能沒有治療的方法。你現在這樣病著，父親看不到你，令他很不安。父親希望你趕快回家來，他太不放心你了，假如

你不好意思向船長說的話，父
親說他可以寫信去給船長。總
之，你要想辦法儘快回家，你
這樣發燒生病，會把大家急死
的。

心焦如焚的姐姐卡洛琳

等達爾文收到這封信時，已
過了兩星期，這一讀才知道他以
後寫信時得想一想什麼可以寫，
什麼不可以寫，不是為了報喜不
報憂，而是有些事寫了，遠水救
不了近火，只是害收信人空焦
急、空跳腳而已。因此，雖然他
的燒還沒退，身體也還病著，他
還是趕快寫了回信去安慰父親和
姐姐，請他們放心。

達爾文帶著病體跟大家去了
加拉巴哥群島，雖然這時他仍熱
中於地質的研究，但是看到加拉
巴哥群島有許多不同的鳥類，達
爾文還是盡可能的每一種都收集

了幾隻，然後又跟著小獵犬號到其他的小島上。探索了那麼多的島嶼之後，達爾文終於在 1836 年 10 月 2 日回到英格蘭的福樂茂思港，他一刻都不耽擱的就直接趕回家了。

算一算，他已出航了四年又十個月，比原訂的兩年計畫超出了二年又十個月。在這漫長的航海日子裡，他的暈船沒有改善，但是他珍惜這樣一個天賜良機，他勇敢且堅強的把握每分每秒，努力收集標本，詳細記錄，思考人性的本質，一點也不偷懶。

7 在倫敦的日子

　　1836 年 10 月 4 日晚上，達爾文回到家裡，大家都已入睡，他沒有驚動任何人就悄悄的進了自己的房間。第二天，當他走進餐廳，他的父親與姐妹們正在吃早餐，大家見到他，都爆出一陣驚叫：「啊！查理斯，查理斯……你回來了！」接著是快樂的擁抱。

　　「啊……查理斯，你晒得好黑，還病嗎？你把我們急壞了，父親叫你早點回來，你怎麼不聽呢？」姐姐卡洛琳嘰哩咕嚕說了一大串。

　　「卡洛琳，妳說完了沒有？人回來了就好！我們來慶祝查理斯回來！」羅伯特立刻拿出好酒，慶祝小兒子的安全歸來，有幾個僕人居然還喝得酩酊大醉。這是歡樂的一天，大家心中充滿快

樂！

　　那個下午，達爾文寫信給他的朋友及親戚們，此時的達爾文已是今非昔比：外表上，他長高了，變壯了，晒黑了；心理上，他走遍半個地球，親眼看到了廣闊有序的大自然，心中充滿了尊敬、謙卑、希望、信任，他的人生觀、世界觀、宇宙觀是開闊的、包容的、友善的以及積極的。他像一艘船，正張開船帆，要駛向光明的未來！他開始有系統的計畫人生。

　　「啊，查理斯，我已經跟後街的教堂說好，等你回來以後，他們就請你去做牧師！」羅伯特欣喜的說。

　　「唔，爸爸，我不願意做牧師，我現在很清楚的知道我的興趣在哪裡，我要做一個有貢獻的自然學家，我必須先好好的計畫！」達爾文毫不遲疑的說。

羅伯特聽了有些錯愕，但是兒子堅定的語氣反而使羅伯特不再堅持自己的意見，因為他發現到兒子的個性變得主動了，這個改變是好的開始。

兩天後，達爾文首先去劍橋拜訪亨斯洛教授和瑟居維克教授，跟他們討論了很久，然後又去倫敦看他的哥哥，並到倫敦博物館試探有沒有人願意研究他收集回來的標本。同時他也必須留在倫敦等小獵犬號的到達，以便領取仍然留在船上的標本。他領取後又寄給亨斯洛教授。之後，他去拜訪查理斯・雷厄樂教授，雷厄樂教授又介紹他認識理查・歐恩，並答應幫忙尋找自然學家來研究標本；歐恩教授則自願幫助他研究動物與化石的標本。

達爾文也去愛丁堡大學拜訪他的老師羅伯特・葛蘭特教授，葛蘭特教授想要研究珊瑚標本，

但是達爾文考慮到他是激進派進化論者，不敢將標本交給他，怕壞了研究的客觀性，兩人之間也因為這件事而開始交惡。

一個星期後，達爾文去拜訪玖斯阿舅舅。舅舅給他一個很大的擁抱，然後高興的說：「歡迎你回來！」

舅舅將他推開，上上下下打量一番後，才說：「你在外地又暈船又發燒，把你父親和姐姐弄得急得不得了，他們還怪當初就是因為我支持你去，才會發生這種事，萬一你有個三長兩短的話，我就得負責呢！幸虧你安全回來了，我真高興！」

「沒錯，我是又暈船又發燒，寫信告訴他們，只是想要他們知道而已，沒想到會害他們這麼著急，這是我不對，不懂得體貼人，也害您擔心了，請原諒我。」

「好說！好說！現在回來了就好啦！」玖斯阿舅舅拍拍達爾文的背說。

「我這次來就是要謝謝您支持我參加航海考察團，我不僅夢想得以實現，而且看到無數新事物，我們走遍南美洲的島嶼，又去了非洲海岸，也去了南太平洋的紐西蘭及澳洲，世界是多麼的大！生命的歷史是多麼的久！那些罕有人跡的島嶼提供了許多寶貴的生命歷史見證。我帶回來的標本足夠我研究一輩子了。」達爾文很感性的說。

玖斯阿舅舅隨著達爾文的聲音與手勢，好像也到了南美洲、非洲、澳洲、紐西蘭等地，心中感動不已，他對達爾文說:「查理斯，你這次出海航行，是很多人都沒有的經驗，你可以將你一路上所見所聞先寫成一本遊記，然後再深入研究細節，慢慢發表論

文或書籍。」

「您這個建議很對，等我先將運回來的標本分類好，做一點該做的處置之後，我就開始寫書。」達爾文非常認同玖斯阿舅舅的建議，而這個建議也為達爾文的生命訂下一個努力的方針！

1837 年，維多利亞女王登基，雖然商業貿易動亂不安，引起稅收的爭議，但是女王對自然學的研究仍然給予高度支持。1月4日，達爾文第一次在皇家地質學會發表演說，來賓全是當代出名的地質學家，達爾文非常的緊張，他告訴聽眾自己在南美洲地質方面的發現，最後他下結論說：「當某一地層逐漸上升時，它的周圍會逐漸下降，住在上面的動物與生長的植物會逐漸的適應這樣的變化。」*他的演說得到很好的回應與廣泛接受，也讓他的進化論在此時出現了曙光。

　　1837 年 3 月 6 日，達爾文搬到倫敦與他的哥哥同住＊，哥哥介紹他與著名科學家查理斯‧巴布菊認識，巴布菊是發明現代電腦的原始發明家，他告訴達爾文：「大自然中的一切事物都是遵循一定的法則進行。」

　　達爾文的腦筋一下子開竅了，開始尋找生物變種的法則。根據達爾文在南美洲的生態考察，他並不同意「創造新種」的說法，他更相信舊種演變成新種的可能性，但是為什麼變？如何變？變了之後要做什麼？有益處嗎？什麼益處呢？這許多的「為什麼」確實難倒了達爾文。

放大鏡　　＊達爾文的結論與雷厄樂的不同處是，雷厄樂認為舊有的動植物會全部死亡，而新的動植物會產生。
＊後來達爾文找到了自己的新住所，住在大馬爾博柔街 36 號。而辛姆士‧卡文頓仍然繼續做他的助手及僕人。

8 加拉巴哥群島的雀鳥

達爾文找到倫敦動物博物館的約翰·顧來德，請求他幫助研究從加拉巴哥群島收集來的各種鳥類標本。這位專家慨然答應，經過幾天的研究，顧來德發現這些寬嘴的、尖嘴的、短嘴的、長嘴的鳥並非達爾文認為的各種不同種類的鳥，事實上，牠們全是在歐洲絕種的雀鳥，牠們的最大差別是鳥嘴的形狀＊。

顧來德告訴達爾文牠們的名字分別是大地雀、中地雀、小樹雀、瓦布勒雀。這些雀鳥中，公鳥有很漂亮的羽毛，會唱很動聽

放大鏡 ＊世界上的雀鳥常常因身體的特徵而有許多名字，列名於下：鑽石火尾雀、星雀、綠歌雀、灰歌雀、草莓雀、銀幣雀、金絲雀、雲雀、香料雀、貓頭鷹雀、爪哇米雀、割喉雀、黑頭金絲雀、紅頭雀、彩雀、古巴旋律雀、櫻桃雀、米巴雀、長尾草雀、玫瑰雀、綠雀、斑馬雀、公牛雀、鸚鵡雀、古蒂恩夫人雀等。

的歌來吸引母鳥，而科學家們認為會唱好聽的歌的鳥，腦部也比較大，比較聰明伶俐，所以母鳥會找又漂亮又會唱歌的公鳥，以便生下健康聰明的小鳥。

達爾文聽了以後，非常的興奮，這表示他原本所認為的「舊種演變成新種」的看法可能是正確的！他開始思索為什麼這些鳥從大陸飛去海島上，竟然需要改變生理結構？是不是與島嶼的環境有關呢？

他又想起在加拉巴哥群島時，曾看到的大烏龜和蜥蜴。有人告訴他加拉巴哥群島上的烏龜各有特色，可以從烏龜的背殼知道牠們生活在哪個小島上。達爾文知道後心想：烏龜的背殼是否因為地理環境與食物位置的影響而演變出不同的形狀呢？而他在加拉巴哥群島上所看到的蜥蜴，有生活在陸上的陸蜥蜴和可以潛

入海中的海蜥蜴……這些發現讓他打開了眼界，也受到極大的震撼。

正好那時有人也在非洲發現了化石猴，他又聯想到人可能是從猴子演化來的。聰明的達爾文雖然很興奮，但是緊閉著嘴，不敢向任何人提出他的看法，因為他還沒有足夠的證據，也沒有建立任何有力的社會地位或科學地位來推動他的理論。此時的達爾文，腦海裡成天想著該如何建立理論與收集證據。

有一天，他去見他的新朋友理查·歐恩，想聽一聽他對這方面有什麼特殊的見解。歐恩說：「每一個物種有它自己的能量結構，並由此決定它變化的極限。更進一步的說，物種的複雜性與能量結構有關係，越複雜的，能量越高，能變的也就越多，但是都有極限。」

達爾文不認為如此，於是就說：「我同意您的基礎理論，但是我看不出有任何理由支持物種應該會有變化的極限。」

歐恩說：「你為什麼一定要認為有新物種出現的必要？為什麼不這樣想：活不了的就死亡，讓活著的去取代那死的呢？」

達爾文發現與歐恩沒辦法再溝通下去，又因為他從來不跟人辯論，所以便顧左右而言他，談起了別的話題。

其實，當時科學界還有另一種說法，那就是每一個物種有一定的生命力，當生命力用完時，那個物種也就絕跡了。但是達爾文的「紅筆記本」裡記載著南美洲的巨蜥，舊巨蜥是絕種了，但新巨蜥又是怎麼來的呢？達爾文百思不解，決定暫且將這個問題擱在一邊，開始動筆編輯他的《研究筆記》，並著手撰寫《動

物學》一書。

關於小獵犬號航海考察隊在南美的種種，達爾文與費茲若依船長曾經相約：由船長先寫遊記，然後達爾文才發表科學方面的相關報告。1837 年 6 月，當達爾文完成《研究筆記》時，船長依然還沒寫完他的那一部分，所以達爾文的書也就暫時還不能發表。

達爾文很勤奮，立刻開始整理他的「B」筆記本，他寫下自己的疑問：

1. 什麼是物種轉突變的證據？
2. 物種如何適應改變中的環境？
3. 新物種是如何產生的？
4. 如何說明不同物種之間的相似性？

在「B」筆記本裡，達爾文畫了許多樹枝狀的關係圖，就像

倒過來的家譜、族譜圖一樣。

達爾文日夜苦思「物種轉突變」這件事，他將大陸上的動植物與生長在海洋中遠處小島上的動植物作比較，仔細觀察後，寫下每一種生物的相同與相異處。小心謹慎的達爾文雖然不曾對外人說出他的想法，但又覺得將這個想法藏在心中太難過，於是便將自己對物種起源的見解告訴哥哥。

「我不敢對任何人提起我的看法，我不要跟人家辯論，我也怕人家搶去這個想法，我更不要科學界的人認為我亂說。」達爾文抱怨著。

「我同意你的看法，這很可能是對的，不過，現在還不是透露這個看法的時候，因為人們不會接受，可能還會引起群體的反對，譬如教會就會反對你，那你還會有生路嗎？」哥哥很中肯的

說。

　　達爾文很同意哥哥的看法，決定繼續埋頭研究，尋找更能證明自己想法的有力證據。

9 與艾瑪結婚

　　1837 年 6 月時，達爾文感覺到他的胃不對勁，到了 9 月，他的心臟也出現了疼痛的問題，於是他放下工作回家去。

　　途中他轉道去探望玖斯阿舅舅，在舅舅家他突然發現玖斯阿舅舅的女兒，也就是他的表姐艾瑪‧魏奇烏德有一種特殊的迷人丰采。艾瑪是鋼琴家蕭邦的學生，她彈得一手好琴。每天早晚艾瑪都會練琴，彈琴時的她非常專注，全身煥發出天使般的光彩，頭上似乎有了天使的光環，眼睛像兩顆發亮的寶石，整個人似乎沉浸在另一個不為人知的世界裡。艾瑪不必用嘴說話，她的手指敲著琴鍵便傳遞了她所有的心思。達爾文不禁對艾瑪萌發了愛意，他可以坐在那裡靜靜聆聽

艾瑪彈琴，欣賞艾瑪飛到另一個世界的神情。

日子一天天過去了，達爾文繼續著他的各項研究與寫作。1838 年 2 月，達爾文出版了他的第一本書《動物學》，同時他也成為「地質學會」的副會長。他內心急於發表他的「物種轉突變理論」，但是他又明白時機尚未成熟，只能強忍下心中的急切與渴望。這時候的他心裡十分清楚，萬物──不管是人類或蚯蚓──都是一樣的重要，自然法則決定了每一個物種的發展機會，其中沒有任何的偏心和僥倖，「只是……這個自然法則是什麼呢？」他不斷的問著自己。

他開始整理他的「C」筆記本，這本筆記本記的全是與轉突變、物種的分布、生活習性與身體結構、行為適應等等有關的資料。達爾文很聰明，他向各種蓄

養動物的商店發出問卷，以獲得第一手資料，從回收的問卷中，他理解到動物不需要完全適合環境的需求，照樣可以生存；他也發現培育商故意挑野鳥最忌諱的特徵，譬如擁有鮮豔的顏色或聳起的羽毛的鳥類來蓄養，那麼自然是如何淘汰掉這些鳥的呢？

　　達爾文還沒有答案，他繼續苦思。生存的掙扎是關鍵，物種的適應是取決於環境，當環境改變，物種也跟著改變。所以當時大家普遍相信的「所有物種都會完全的適應環境」的說法並不正確。後來，他無意中讀到一篇約翰・瑟白懷特爵士的文章，那是瑟白懷特爵士在 1809 年寫給專業動物培育商的簡冊，名為《家畜培育改進藝術》，其中有一句話深深的觸動了達爾文:「……弱者不能活到能夠傳遞他們的特徵……」或許自己的問題快要可以

得到解答了，達爾文心想。

　　不久，他的健康每況愈下，心痛、胃疼、噁心、頭痛等毛病老纏著他，弄得他無法專心工作與研究，於是他決定到北蘇格蘭度假，順便探查洛依山谷。去了三星期後，達爾文的健康狀況有明顯的改進，於是他就回家去了。有一天的晚飯後，大家心情愉快，輕鬆的閒聊著，達爾文告訴羅伯特：「爸爸，我這次出航南美洲收集到很多標本，我研究之後有一個新想法，就是有關物種轉突變的理論，因為突變而造成新種，因此好的可以越活越好，也才得以生存下來。」

　　羅伯特根本不能理解達爾文在說什麼，就回答他：「兒子，你這套理論好像跟教會的教諭衝突，你最好還是不要到外面去說。」

　　「您放心吧！我只跟您和哥

哥說過，沒有對其他人提過。我知道教會一定會第一個反對我的理論。」達爾文說完停頓了一下，又緩緩的開口：「爸爸……」達爾文欲言又止。

「嗯，你要說什麼？」羅伯特對兒子的吞吞吐吐感到奇怪。

「我想……我想……與玖斯阿舅舅的女兒艾瑪結婚！」達爾文鼓起勇氣說出來。

「嗯！很好啊！不過……魏奇烏德家的女人都是虔誠的教徒，艾瑪也是。你若要娶她，最好少談非宗教的事，知道嗎？」羅伯特警告他。

「我會記住。」達爾文高興的說。他以為父親會反對，沒想到父親不但沒有反對，反而還教他如何與艾瑪相處。

1838 年 7 月 29 日，達爾文去玖斯阿舅舅家看艾瑪，他雖然還沒有跟她求婚，但是兩人心心相

印，促膝長談了一整天。達爾文渾然忘了父親給他的警告，他對艾瑪說:「艾瑪，我不相信神的力量，我認為是自然法則控制著自然的消長，這純粹是科學的變化，與有沒有神的存在無關。」

艾瑪聽了他的高論後，差點暈倒，她用手敲打太陽穴，好像彈琴一樣，然後才說:「神是存在的，你不要亂說，你的科學講證據，那你也要提出不存在的證據，才能下結論，是不是?」

「對，對，對，科學講證據，要實事求是，有就有，沒有就沒有。宗教沒有『有』的證據，也沒有『沒有』的證據，所以不應該隨便下結論。」達爾文很理性的說。

艾瑪站起來，走到鋼琴旁，打開琴蓋，開始彈琴，讓美妙的琴聲傳遞神創造大自然的美心美意，也傳遞大自然帶給萬物的善

心善願。琴聲裡隱隱約約有著擔心的悵然，但仍然是行雲流水般的傾瀉出生生不息的生命情感。

達爾文回到倫敦寓所，他並沒有被愛情沖昏了頭，反而立刻坐下來繼續寫書，他的《小獵犬號日誌》仍然等待發表，《動物學》書籍系列需要編輯，《南美地質學》要縮減成《珊瑚礁報導》，他正在寫《洛依山谷》的考察，當他有空時，則去倫敦動物園觀察狒狒與猴子的面部表情，他想要從中聯繫化石猴、現代猴及人類之間的關係。

這時達爾文讀到著名經濟學家湯姆士·馬厄特斯的《人口原理的經濟學》，書中說明人口的成長與資源的多寡會使得弱者於生存競爭中被淘汰，達爾文相信野外的物種也是活在這樣的威脅下。

11 月 11 日，他去玖斯阿舅舅

家看艾瑪，黃昏時，艾瑪如常彈琴，手指熟練的在琴鍵上由下而上的飛上去，又由上而下的滑下來，或徐或疾或輕或重，輕如耳語，重如雷雨，艾瑪陶醉在鋼琴奏鳴曲的旋律裡。達爾文坐在遠處的搖椅裡，閉眼聆聽美妙的音樂，他的腦海裡浮現出一幅遠山近水，農耕禽鳴，草綠花紅的景致。當琴聲幽幽停止，達爾文睜開眼睛，站起身走向艾瑪，溫柔的握著她的手，深情的看著她的眼睛，說：「我們結婚，好嗎？」

「……」艾瑪先是有些驚訝，有些意外，接著無聲的點點頭。

「我們去告訴妳父親！」達爾文說。

「……」艾瑪還是無聲的點點頭，有些羞怯。

達爾文握著艾瑪的手到院子裡去找正在散步的玖斯阿舅舅。

「舅舅，我和艾瑪來徵求您的同意，我們想要結婚，可以嗎？」達爾文代表他們兩人說話。

「哇，我終於等到你這一句話了。」玖斯阿舅舅興奮的擁抱達爾文──這個他一直很欣賞的外甥。

「舅舅，那我明天就回去跟我父親說您已經同意我和艾瑪的婚事了。」達爾文說。

「你現在就回去說吧！等你父親同意了以後，我再跟他一起商量細節。」玖斯阿舅舅催著他走。

「好，我現在就回去。」達爾文立刻進屋收拾什物上路回家。

「艾瑪，我真為妳高興，達爾文有一天會給妳帶來很大的榮譽！」玖斯阿舅舅喜上眉梢，高興的告訴家裡的每一個人，大家都為他們高興。

過了兩天，達爾文又到舅舅

家，告訴舅舅他的父親也同意他和艾瑪的婚事。

後來兩家父親協商的結果，玖斯阿舅舅給女兒五千英鎊的嫁妝，以及四百英鎊年費；達爾文的父親則給他一萬英鎊＊。如此一來，達爾文不但不必工作養家糊口，還可以專心寫書與研究。這樣的經濟安排，充分說明兩家父親對他的科學研究給予最大的支持與信心，深信達爾文正在做一樁非常重要也非常有意義的研究。

1839 年 1 月 24 日，達爾文被選為倫敦皇家學會會員，這是極高的榮譽。1 月 29 日，他與艾瑪在馬爾的聖彼得教堂舉行婚禮，來賓包括兩家的親朋好友、達爾

放大鏡

＊在維多利亞時代，人們的年收入一般為：富商或銀行家是一萬英鎊，醫生或律師是一千五百英鎊，公僕則是五百英鎊。因此，達爾文可以不必工作而專心寫書及做研究。

文的許多老師同學、皇家爵士、小獵犬號上的朋友、博物館的朋友，以及艾瑪的閨中好友和鋼琴老師蕭邦等，衣香鬢影，冠蓋雲集，彷彿是王子與公主的婚禮，令人稱羨。婚後他們住在倫敦上鈞爾街十二號。他原來的僕人辛姆士・卡文頓辭職移民到澳洲，約瑟夫・帕斯洛成為他們家的新僕人，這一做就做了四十年。

10 繼續研究
自然科學

　　婚後的達爾文又數次寄調查問卷給動物培育商與農夫，問卷的問題包括：動植物雜交後的特性有沒有傳給下一代？有沒有影響物種的活力？有沒有做特別育種與野生種的雜交？結果如何？可惜的是問題過於複雜，反應冷淡，問卷收回的很少。1839年5月底，有關小獵犬號的三本著作終於出版了，題目是《1826至1836年之間探險號與小獵犬號考察行自述》，由費茲若依船長等人執筆。讀者的興趣不高，因為三冊中有許多是重複的資料。

　　到了8月，達爾文的《小獵犬號訪問國之自然學與地質學的研究雜記》出版，得到大眾熱烈的歡迎。這本書至今仍是暢銷書，當時那樣的暢銷，證實了大

眾對生命的起源有一種科學認識上的需求。

　　1839 年 12 月 27 日，達爾文與艾瑪的第一個孩子出生，他們初為人父母，既高興又緊張，達爾文花了很多時間在家裡陪伴艾瑪與孩子。孩子紅撲撲的臉頰，可愛的小手小腳，深深的吸引著他，引出他無限的父愛！ ＊

放大鏡

＊達爾文有十個子女，分別是：威廉（1839～1914 年），畢業於劍橋大學神學院，銀行家，娶塞拉・阿虛卜尼爾為妻，沒有子女。安妮（1841～1851 年），十歲時死於肺結核病，她的死改變了達爾文對耶穌基督的信仰。瑪麗（1842～1842 年），出生數週後便夭折。妲莉亞特（1843～1904 年），嫁給理查・李馳費德為妻，沒有子女。她編輯母親的《艾瑪書信集》，於 1904 年出版。喬治（1845～1912 年），天文學家與數學家，執教於劍橋大學，是皇家學會會員。娶瑪莎・杜普為妻，育有二子二女。伊麗莎白（1847～1926 年），從未婚嫁。福蘭西斯（1848～1925 年），植物生理學家，執教於劍橋大學，是皇家學會會員。出版了很多書，其中有《達爾文傳》。先娶愛蜜若克，生有一子，喪妻後，另娶愛倫・克洛夫池，生有一女，在 1913 年被封為爵士。里歐納德（1850～1943 年），皇家工程軍官，執教於皇家工程學院，後任職於情報局，皇家地質學會會長，結婚兩次，沒有子女。侯洛斯（1851～1928 年），畢業於劍橋神學院，是科學儀器工程師，成立劍橋科學儀器公司，擔任劍橋市長，是皇家學會會員，娶艾瑪・法瑞爾為妻，育有三子女。查理斯（1856～1858 年），一歲半夭折。

達爾文的身體一直不好，他的偏頭痛、噁心、胃病、心痛，都纏著他不放，他無法寫書或做實驗，他也禁不起任何情緒波動，他謝絕訪客，專心在家養病，因此逐漸與外面隔絕。可是病情沒有起色，他回家請身為名醫的父親幫自己看病，父親也找不出病因，治不好他的病，只是吩咐他別胡思亂想，別到處亂跑，躺在床上安心養病。

可是，躺在床上的達爾文卻不斷的思考，為什麼蝙蝠的翅膀是連在一起的？為什麼不像鳥的翅膀，卻像鴨鵝腳上的蹼？為什麼連起來的翅膀可以飛得這麼快？為什麼蝙蝠是倒吊在山洞裡睡覺？他怎麼樣能在出土的化石裡找到一種生物變成另一種生物的證據？那時候，博物館裡展覽的化石很少，他得想辦法去發掘更多的化石。

　　1841 年的 2 月，他的身體還是沒有起色，他決定辭去地質學會副會長的職位。 3 月 2 日，艾瑪生了第二個孩子。達爾文實在不喜歡倫敦，但是一切的活動又都是在倫敦舉行，所以又不得不住在倫敦。現在，他有了家室，而倫敦的氣候太潮溼，又總是霧氣瀰漫，令人難以開心，加上環境太吵雜，人又太多，不適合他與孩子居住，艾瑪也同意他的看法，於是一家人決定要搬到郊區去。他回家找父親商量:「爸爸，我回來找您商量一件事。」達爾文支支吾吾的說。

　　「嗯 …… ?」羅伯特戴著老花眼鏡正在看書，眼鏡都滑到鼻尖了，頭也沒抬的應著。

　　「我想倫敦實在是又擠又吵鬧，天氣經常是陰天，霧又太濃，我想要搬家。」達爾文試探著父親的反應。

「你想搬到哪裡?」羅伯特聽到搬家，立刻抬起頭來問。

「就在倫敦郊區，在附近，我還是會常常回來的。不過，我現在有兩個孩子了，我需要買一個大房子，就像您的房子那麼大，我要我的孩子在那個大房子裡長大，就像我在您的房子裡長大成人一樣。但是我沒有錢可以買一棟像您這樣的大房子，您能幫我嗎?」達爾文誠懇的說。

羅伯特聽完，摘下老花眼鏡，沉思了一會兒，這個小兒子很專心致志的做研究，而且是做一個反傳統思想的研究，可以說是劃時代的研究，也許應該幫他。

「好，只要不是太奢侈誇張的房子，我幫你出錢買下來。」羅伯特說。

達爾文得到父親的同意後，開始找房子，卻沒有找到合適

的，但是他再也忍受不了倫敦，於是他搬去住在爸爸的家裡，又開始寫書，隔年，他完成《珊瑚礁的結構與分布》一書，並順利出版，這是達爾文地質發現系列的第一本書。

　　達爾文很用功，他不斷思索他的轉突變理論，一點一點的寫出了35頁的文章。他說是神先訂下了「自然法則」，然後神退居幕後，萬事萬物就遵循這個法則運轉，「自然選擇」就自動的產生了。寫完後，他自問:「我應該發表嗎?」

　　他不斷的思前想後，就像做科學實驗的筆記一樣，拿出筆記本來，很理性的列出不能現在投稿的幾個理由：

1. 他目前的自然學家朋友們不會接受他的理論。
2. 動物培育商不會願意讀這樣一

份枯燥乏味的文件。

3. 愛製造麻煩的無神論者會用它來做罪惡的宣傳。

4. 教會會打壓詛咒他。

5. 他不願意被標上「無神論者」的標籤。

6. 會害他負上背叛愛他的親朋好友與家人的罪名。

　　這六大條理由充分說明他不應該現在發表這篇文章。他也想列出他應該發表的理由，但是他一條也想不出來。

11 在肯特的日子

　　達爾文不斷的尋尋覓覓，經過好幾個月的專心尋覓，終於在肯特市看中一棟房子，並給它取名為「黎明之屋」，房價為兩千英鎊，該城人口共有四百五十人，羅伯特毫不猶豫的替他買下了房子。

　　等安頓好新家之後，達爾文開始進行《火山島》的寫作，這是地質發現系列的第二本書。這時，他的玖斯阿舅舅——也是他的岳父——過世了，全家人都很傷心，但是達爾文沒有被悲傷的情緒打倒，喪禮之後，他立刻投入寫書的工作，讓忙碌的寫作幫助他忘卻失去玖斯阿舅舅的傷痛。終於《小獵犬號探險之動物學》出版了，共有五冊：(1) 化石；(2) 哺乳類；(3) 鳥類；(4) 魚

類；(5) 爬蟲類。

達爾文的一位朋友叫約瑟夫‧達額屯‧胡克爾＊，他是一個熱心的人，總是對進化論給予相當程度的支持，並且肯虛心聽取進化論的證據。達爾文僱用他為研究助手，幫忙到博物館與圖書館去尋找有利於進化論的資料。經過兩年的努力，他原先只有 35 頁的進化論文稿擴充到 189

放大鏡

＊約瑟夫‧達額屯‧胡克爾 1817～1911 年，他最出名的事跡是 1839 至 1843 年時，在詹姆士‧克勞斯船長領導下的阿然布斯船上擔任助理外科醫生，到南極大洋洲探險。1846 年 2 月，他擔任查淩可婁斯 (Charing Cross) 地質測量室的植物家。他在 1848 年到印度探險，1851 年回到英國，娶亨斯洛教授的女兒為妻，並擔任葵城皇家植物園的助理園長，在 1865 年升任園長。1875 年為查理斯‧雷厄樂爭取到埋葬在西敏寺墓園的榮譽。

他在 1839 年認識達爾文，並成為達爾文的研究助手，負責整理、歸類標本。1844 年獲悉達爾文的物種轉突變理論，他最初的反應是較保守的，後來反而願意幫達爾文尋找資料、修改英文稿與編輯文章。

他在 1864 年 11 月 3 日發起愛克斯俱樂部，專門推動達爾文理論，並與湯姆士‧胡斯禮在 1869 年 11 月 4 日發行一本科學雜誌《自然》。愛克斯俱樂部於 1892 年結束，但是該雜誌仍然延續下去，成為今日全世界最出名且最受尊敬的科學雜誌。

頁，內容也有部分修改。他認為環境保持不變時，物種也保持不變，當環境改變時，才會促進物種發生變化，那個會讓物種生存下來的特性也比較容易一代又一代的傳下去，久了以後，這樣的一個過程就會導致舊物種變成新物種。

達爾文的健康狀況一直很不好，他很擔心有一天他會突然死亡，所以預先寫了一封遺書叮囑艾瑪：「一定要撥一筆錢專門作為發表我的文章與宣傳之用，文章、書籍、筆記全交給一位可信而且能幹的編輯，譬如雷厄樂就是最佳人選，因為他是地質學家，也是自然學家，否則倫敦國王學院的植物學教授愛德華‧佛爾布斯，或是老朋友劍橋大學的亨斯洛教授也可以。」他是未雨綢繆，為自己身後的科學計畫做安排。但是艾瑪不喜歡這樣的遺

書，那種感覺真是令人毛骨悚然，極度不舒服，讓人渾身不自在。達爾文知道艾瑪的感覺，他還努力的安慰艾瑪。

儘管他的健康狀況是如此的不佳，達爾文總是努力寫書，這時他正在寫《南美洲的地質發現》，內容主要是談論安德斯山脈因為長久緩慢的地力而緩緩升高。至於他的進化論文稿，經過漫長的潤飾，從 1842 年 6 月底寫成的 35 頁，到了 1844 年春天擴充成 189 頁，而到了 9 月底已經變成 231 頁了。達爾文懷著忐忑的心情拿給艾瑪看，心想艾瑪一定會非常不悅，沒想到艾瑪並沒有不悅，只是平和的指出書中哪幾處會引起爭議的假設，以及應該修改之處。

沒想到，僅僅過了一個月，羅伯特‧謙伯斯發表了一本新書《自然歷史創造的植物》，談的

就是轉突變理論，這本書是寫給勞苦大眾看的，書中指出他們的貧困環境會因為自然法則的自發力而改變，這個結論無形中給了他們鼓勵與希望。羅伯特‧謙伯斯的書受到很嚴屬的批評，但是銷路非常好。

達爾文知道後有些著急，擔心他長久努力研究的「進化論」會被別人捷足先登，拔了頭籌，於是就向理爾納德‧傑尼斯牧師請教：「你相信羅伯特‧謙伯斯對物種轉突變的說法或解釋嗎？」

傑尼斯牧師說：「物種是固定的，既不進步也不退步。羅伯特‧謙伯斯的書簡直是一派胡言。」

聰明的達爾文一聽，就不再多說了，他知道他的科學朋友們還是不相信這一套理論。他著急的心也安定下來了。

1845 年 2 月，他的研究助理

胡克爾被愛丁堡大學請去做植物學代課教授，這個消息令達爾文非常不安與不悅，胡克爾已是達爾文做研究的重要助手，他的離去一定會使達爾文的研究進度停滯。幸好，後來胡克爾雖然就任新職，但他還是常常來達爾文家裡閒談，使達爾文仍然可以從胡克爾那裡得到許多幫助。

3月，達爾文在林肯斯爾花了一萬兩千五百英鎊購買了一塊325英畝的地作為投資，因為孩子一個接著一個相繼出生了，他想提供孩子良好的生活品質與優越的教育環境，因此想以投資的方式來達到這些目標。達爾文之所以會這麼想，實在是因為父親除了是一位醫生，同時也是一個很好的企業家，達爾文耳濡目染的結果，也學得一些常識，骨子裡更遺傳了父親的企業直覺，敢於投資，這次買地就是一例。

除了投資，達爾文這時也開始撰寫另一本新書，內容談及白人對待黑奴的不人道與令人難以理解之處，因為萬事萬物都有平等的生存權利，黑人被奴役根本是不該出現的現象。一個和諧的自然是使人適應自然，順應自然，與自然融為一體的天人合一，假如人認為自己比另一人優越，比另一種物種優越，則共存共融的平衡就不存在，生態失去平衡，和諧也就崩潰了！達爾文的正義感不是來自教會、父親或學校的教導，而是出於對大自然的尊敬！

隔年的年初，達爾文想起他在愛丁堡大學讀書時，葛蘭特教授天天帶他一邊散步，一邊講當時的進化論思想，後來在劍橋大學讀書時，每天跟著亨斯洛教授散步四十五分鐘左右，聽亨斯洛教授天南地北的聊天，無意中學

了很多事物。於是他向他的鄰居租了一條長沙道，作為他早晚散步、思考的小道，希望在散步中找到靈感。

此時，胡克爾轉去查凌可妻斯的地質測量室做植物學家。但是他還是常常拜訪達爾文，彼此一直有很好的知識激盪。

9月時，《南美洲的地質發現》已接近完工，只剩下船底的甲殼蟲還沒寫，達爾文的心裡其實非常著急，很想趕快回到轉突變理論的課題上做進一步的探討，他心想：把甲殼蟲做完，他就可以專心做他最感興趣的理論思考。他跑去和胡克爾商量:「約翰，我很想趕快進行物種轉突變的理論思考，但是我也明白時候未到，沒有人會相信這個理論。」

「對，不僅科學家不信，老百姓不信，你還得罪了整個教會，他們會不斷的攻擊你，用各

式各樣的語言與辦法打擊你。」胡克爾說。

「這我也想過了，而且不但攻擊我的人會很多，可能連我的家人也會受到影響。」達爾文憂慮的說。

「所以我認為你先做其他的研究，提高自己的學術地位，將來你推出物種轉突變的理論時，挑戰你的人可能就會少一點。」胡克爾說。

「那好，我先來研究船底的甲殼蟲。」達爾文下了決心的說。

「嗯，這是一個好主意，等你真的成為甲殼蟲專家時，沒人會質疑你科學家的身分，你的科學地位也提高了，那時候，你提出任何新理論的話，人家多多少少會信你一些。」胡克爾贊同的說。

「好吧，我就這樣做。」達爾文再次肯定的說，彷彿是在勸服

自己似的。

　　達爾文開始研究甲殼蟲，沒想到世界各地的生物研究家一知道他正在研究甲殼蟲，便開始寄標本給他，寄來的標本像雪花般的多，統統都要請他鑑定，這是他所沒料到的。他暗想，如果他能成為甲殼蟲的物種多樣化的專家，也許他的轉突變理論真的會得到高度注意。

　　同時達爾文也請胡克爾看看他的 231 頁文稿，請他給意見。胡克爾看完後來找達爾文，說：「我不同意新種是從舊種變來的說法，但是我還是看完了全稿，其中有幾處寫得信服力不夠，可能要多找資料與證據來支持你的主張，有幾處用字不通暢，很難明白你的意思，還有一些地方，則是過於冗長，模糊了主題，你要濃縮，突顯主題。」

　　胡克爾的批評指正令達爾文

非常高興，因為他相信胡克爾的看法，所以他說：「謝謝你的批評，我會加以修改，然後再請你幫我看一看。」

「哦，不行，我正準備去南美洲旅遊考察，一去可能幾個月。」胡克爾說。

「什麼？你要去南美洲旅遊，你能不能不去？或是早些回來？」達爾文驚慌的問。

「去南美洲一直是我的夢想，就像你當年那樣，我沒有辦法提早回來，不過你不要慌，你可以把文稿寄給我看。」胡克爾安慰達爾文。

「寄是可以寄，但是一方面要很多天才會寄到你的手裡，另一方面是假如寄丟了，我怎麼辦？」達爾文心中實在不悅，也放心不下，沒有胡克爾的協助，他的研究好像就沒有靈感與力量，彷彿變成蝸牛行進似的，前進得

很慢。

「我想不會寄丟的。」胡克爾真不知道如何安慰達爾文，看到達爾文如此這般的不高興與不安心，他也只能感到抱歉了。

胡克爾仍然依照原定計畫搭船旅遊去了，達爾文為此悶悶不樂，儘管如此，他還是打起精神研究甲殼蟲。

1848 年 3 月底，達爾文發現其中一種甲殼蟲非常特殊，雌蟲的身上竟附有超小雄性生殖器官，好像寄生在雌蟲身體上似的。他覺得大自然的現象、構造真是無奇不有，令人眼花撩亂，他高興得跳起來，抱著椅子在有限的空間裡旋轉，跳華爾滋，一邊跳，一邊哈哈大笑，笑得屋頂也嗡嗡響，顯微鏡、挑針、甲殼蟲、筆記本、自來水筆好似都同步共振的笑了起來。

達爾文的健康時好時壞。

1848 年 11 月 13 日，羅伯特過世了，達爾文病得太厲害，竟然無法參加父親的葬禮。他的研究工作也因為他的病而停頓了下來。他的一位朋友建議他去做水治療，達爾文心想：「已經病得快死了，好吧，水治療雖然聽起來沒道理，但還是姑且一試吧！」

於是全家打理行李出發到大馬力汶住兩個月。他每天早上起床，先散步一會兒，吃早餐，然後用冷溼毛巾磨擦身體，泡二十分鐘冷水浴，然後包著冷溼毛巾，吃午餐，睡午覺，重複早上的過程：用冷毛巾擦身、泡水、包冷溼毛巾，再散一次步，六點整吃晚餐，他也同時服用同類療法的藥物。

這樣的冷水治療竟然對達爾文的健康大有幫助，他也感到心情愉快，開始天天想念他的研究工作。過了兩個月，醫生宣布他

的病好了，他立刻整理行裝回家去，迫不及待的投入他的研究工作。回家後，他還在自家後院裝置了一個冷水浴設備，隨時進行冷水治療。他的甲殼蟲研究很有進展，所有的證據都說明甲殼蟲是螃蟹與龍蝦的親戚，可惜胡克爾不在，不然他一定會立刻告訴胡克爾這個新發現。

1850 年 6 月底，達爾文的大女兒安妮開始覺得不舒服，他想安妮可能遺傳了他體弱易患病的體質，他帶安妮去大馬力汶看同一個醫生，做冷水治療，剛開始時似乎很有效，但是好景不常，安妮的病情急轉直下， 1851 年 4 月 23 日，只有十歲的安妮離開了人世。

安妮的死對達爾文的打擊比對艾瑪還要大，達爾文想，一個小女孩還沒有開始她燦爛的生命怎麼就這樣病死了，假如真的有

神的話，那麼神實在太不公平，太沒有正義，太沒有公義了！

他並不是從此不信神，但是科學講究證據，只要證據足夠，就容易以事實證明，讓人相信，於是他將注意力全部投入科學研究。科學也許不會解答所有的問題，但是科學探求真理、歸納事實，用科學的方法尋找大自然的規律性，沒有猜測，沒有懸疑，沒有模稜兩可，這是人類的智慧可以做得到的。

1853 年 11 月 30 日，達爾文收到皇家學會頒給他的皇家獎章（等於今日的諾貝爾獎），獎勵他的三本小獵犬號的地質學研究，以及仍在進行中的甲殼蟲研究。他為自己終於在同儕中獲得肯定極為高興。

從 1846 年 11 月至 1854 年 12 月，總共八年的甲殼蟲研究終告結束，達爾文一共出版了兩本有

關甲殼蟲研究結果的書，再一次證明他是一個個性執著不怕困難的人。他重新回到轉突變理論的研究。這時，他大概已經有一個很好的進化論的概念，知道一切是如何的進行。他猜想世界大概就像加拉巴哥群島，泡在海水裡幾個月的種子照樣可以發芽，鳥會飛來飛去的嘢種播種，陸地動物會因地形變化和自身游泳而到遠方的島嶼，這些長期的多端動向變化也就形成物種的多樣性與突變性。他還親自做鴿子實驗，詳細觀察經過不同組合而配種的鴿子，以牠們身體特徵的變化結果與對環境的適應情況來證實與支持他的理論。

1856 年 4 月 22 日到 26 日，達爾文邀請了當時的幾位名家來家裡做客，有自然學家湯姆士‧胡斯禮＊、約瑟夫‧胡克爾，銀行家約翰‧陸布克克，以及政治家湯

姆士·沃拉斯通。他先請這些客人參觀他的漂亮花園及精緻的鴿群之後，再與每一位客人進行祕密的面談，要測試他們對轉突變理論的接受程度。其中只有湯姆士·沃拉斯通持反對意見，他認為物種是固定不變的。聰明的達爾文於是對科學界與政治界的反應有了一個初步的瞭解，他在等待時機成熟。

放大鏡

＊湯姆士·胡斯禮　1825～1895 年。他沒有受過正式的學校教育，但是他讀各種科學與哲學的書籍。他跟隨一位醫生做了十五年的學徒，出師後，於 1846 年至 1850 年，擔任響尾蛇船上的外科醫生與自然學家。他以海洋無脊椎動物科學研究在英國建立了名聲，1854 年起，他在倫敦的礦物學院教書，他獲頒皇家獎、寇普利獎、達爾文獎以及許多其他獎章。

他剛開始時十分反對進化論，相信一切物種是不會改變的。到了 1860 年代，他變成達爾文理論的最強力支持者之一，他到處鼓吹達爾文理論。他的著作《自然界中人定位的證據》替人類解釋了人與猿猴之間的關係，引起了極大的爭議。

12 公開物種
轉突變理論

達爾文的好朋友雷厄樂接到阿佛瑞德・羅素・瓦拉斯的投稿，雷厄樂看完後，立刻寫信給達爾文，他信裡說：

親愛的查理斯：

我剛接到一位叫阿佛瑞德・羅素・瓦拉斯的投稿，他的文稿內容跟你這些年的主張很接近，我覺得你得趕快看一看這篇文章，你覺得它有資格被發表嗎？

編輯雷厄樂

達爾文接到文章以後，立刻看過一遍，並請雷厄樂到家裡來詳談。他告訴雷厄樂他自然選擇性的最新理論，雷厄樂催促他趕快把結果公開發表。於是達爾文

決定開始寫一個短篇的轉突變理論文章，可是寫來寫去，他病了幾回，又去接受冷水治療兩次，結果短篇變成長篇。不過，他還是寫了一個大綱，寄給哈佛大學的阿薩‧葛瑞教授。

瓦拉斯曾經寫信給達爾文，向他請教自然選擇的理論，並問他會不會討論人類的起源？達爾文回信中稱讚瓦拉斯對自然科學的熱忱與物種分布的努力研究，但是他並不會討論人類的起源，雖然這是大眾的最大興趣，但他已經研究物種起源將近二十年，短時間內不會有任何這方面的文章書籍出現。

1858 年 6 月 18 日，達爾文收到瓦拉斯寄來的一篇文章，內容讓達爾文震驚，因為這與他的看法非常接近，唯一令達爾文不同意的是瓦拉斯將社會道德與自然選擇混在一起談論。瓦拉斯有數

點主張：

1. 人類的道德演化會帶領我們成為社會烏托邦；
2. 人類團結會幫助人類的進步；
3. 自然選擇是被一個更高的精神力量規劃控制著。

達爾文相信科學的單純性，他的看法則是純自然選擇，沒有所謂的道德演化，也沒有人類團結，更沒有更高的精神力量。他相信自然選擇是由於互相競爭造成的結果，更重要的是所謂的道德演化、人類團結、更高的精神力量等這一切屬於抽象思維的東西，無法以科學的方法來量化，也就沒有辦法用現有的科學方法來證明，因此最好的辦法就是暫時不討論這些抽象思維。

當時的英國正處於維多利亞時代，文藝昌盛，海運發達，到

處占領殖民地。但是整個社會仍然很保守，貴族與平民的等級分得很清楚，貴族們生活奢侈鋪張，平民則是窮苦不堪，教會的影響普遍深入每一個階層，上下都相信神創造一切，是至高無上的皈依。假如達爾文公開發表他的進化論，一定會引起教會的全面反對與攻擊，甚至會失去師長朋友的友誼，最後還可能落到眾叛親離的下場。但是達爾文相信真理一定要公開，權勢的欺凌與社會的背棄是暫時的。達爾文經過數日的深沉思考，內心交戰、掙扎的結果是：決定發表。

1858 年 7 月 1 日，達爾文的轉突變理論終於公諸於世，他與瓦拉斯在倫敦的林寧學會宣讀他們的文章，達爾文宣讀他在 1839 年寫的部分文稿，〈家畜與野生動物的身體差異〉及〈野生動物的物種差異，選擇的自然意義〉，

家畜與野生動物的比較〉，還有他 1857 年 9 月 5 日寄給哈佛大學阿薩・葛瑞教授的大綱摘要。瓦拉斯宣讀〈從起源物種無限分岔多樣的傾向性〉。會眾聽完後有三種反應，那就是震驚或興奮或保持沉默。

　　胡克爾一直幫助達爾文修改編輯「轉突變理論」的文稿。1859 年 10 月 1 日出版商約翰・姆瑞決定 11 月底出書。11 月 22 日《物種之起源》終於出版，每本十五先令。第一版一千本於一日內全銷售完畢，達爾文立刻著手修正，預備出第二版。12 月 9 日印行三千本，並準備德文版的發行。此書的內容轟動整個歐美，引起了一波又一波的震撼，一場又一場的議論。

13 社會反應

　　達爾文歷經二十多年的研究和思考，終於推出石破天驚的《物種之起源》一書，公開闡述物競天擇的自然法則，撼動整個西方世界，打破當時堅信萬物是由上帝創造的真理。

　　在那個神權高漲的時代裡，此書的發表引起極多不同的反應。一種是完全的認同，譬如胡斯禮和胡克爾兩人是完全贊同達爾文的理論，整天為達爾文辯護，胡斯禮更加激進，甚至認為人是從猿猴突變來的，這是達爾文一直不敢討論的問題。另一種反應是完全的反對，譬如理查・歐恩，他認為這是危害社會安定的一本書，將民心攪亂，而且這本書的內容會引起更多的疑問，更加擾亂視聽，最糟的是達爾文

引導自然科學遠離神的創造性，這是最可怕的事情；教會也持完全反對的態度，認為達爾文的書是胡說八道，對達爾文做出強烈的攻擊。第三種反應，也是一般民眾的反應，那就是「誰是做這個自然選擇的人？」大家都心照不宣的認為達爾文指的就是大家所認識的神！

達爾文面對教會的圍攻，沒有慌亂，也沒有畏懼，更沒有反擊，他以健康欠佳為理由，不出席任何公共場合的活動或會議，他躲在家裡專心做研究與寫書，做一個寂寞離世的隱居科學家，將教會的侮蔑與唾棄完全拋在腦後。他不願意將自己的生命浪費在無意義的爭論裡！

科學追求真理，服從真理，信服真理。當科學研究的結果與社會的共識出現不一致時，尤其影響到某種特權階級的利益時，

科學與社會就會處於對立的位
置，而且利益受損的團體更處心
積慮來醜化真理。當時，教會完
全摒棄探索達爾文理論的正確
性。

14 辯論會

　　1860 年 4 月，胡斯禮第一次在科學雜誌上公開使用「達爾文理論」這個名詞，引起讀者、科學界、學界一片譁然。各界人士紛紛表達自己的意見。

　　1860 年 6 月 30 日「英國科學進步學會」在牛津大學博物館的圖書館舉行會議，由約翰·史帝芬斯·亨斯洛教授主持，約有七百至一千人出席。紐約大學的威廉·德拉皮爾教授演講「達爾文理論對社會前進的影響」。講完後，威博霍斯主教反駁達爾文理論，攻擊胡斯禮，長篇大論的說了三十分鐘，竭其所能的污衊，意圖保住教會的一片天地。席間突然有一個人頭頂著《聖經》，站起來大聲呼籲：「請大家多讀《聖經》，讓《聖經》來帶領我

們生活。」

聽眾嚇了一跳，仔細一看，原來是以前的小獵犬號船長羅伯特‧費茲若依，他頂著《聖經》到處走來走去，大家安靜了一會兒，等回過神來，就開始竊竊私語，議論紛紛。主席請大家安靜下來，胡克爾站起來攻擊威博霍斯主教根本沒有讀過《物種之起源》，也不懂植物科學，根本沒有資格來撻伐「達爾文理論」。雖然這場辯論會主要是威博霍斯主教、胡斯禮、胡克爾三個人在辯論，但是也有聽眾零零碎碎的站起來發表支持科學證據或支持教會的言論。辯論持續了四小時，期間竟有一位女士因過於激動，而昏倒在會場。會後，贊成派與反對派都宣稱自己勝利。

當辯論會進行得如火如荼時，達爾文卻因為生病，沒有出席辯論會。他正在薩布入克公園

做冷水治療呢！

「達爾文理論」是反傳統也反潮流的理論，它引起的注意與議論，就像狂風暴雨席捲了整個西方社會。一千八百多年來的「神權至上」思想受到挑戰；「神造天地萬物」的信念開始動搖；教會不再受人重視與尊敬。如此天翻地覆的改變，在人類文明的歷史長河裡，不但是一個重重的烙記，也為西方的科學史開啟了「生物基因比較研究」的大門。

15 胡斯禮的宣傳

　　1861 年 1 月，胡斯禮買下《自然歷史綜述雜誌》，作為「達爾文理論」支持者與讀者討論的廣場。在第一期裡，胡斯禮發表了探討人與猿猴之間的關係的文章，他並寄了一份雜誌給威博霍斯主教看，想氣氣他！接著，胡斯禮也跟理查·歐恩進行辯論；他又一連續幾個月密集的對勞工階級發表演說，傳遞「人是由猿猴進化來」的理論，因而動搖了「神創造數種等級人類」的教會思想。前者的生存競爭性很能引起勞工們的共鳴，為勞工大眾們帶來了希望的曙光。

　　1861 年 5 月，亨斯洛教授過世，生病中的達爾文無法見到恩師的最後一面，甚至連他的葬禮也無法參加。當達爾文努力抵抗

病魔時，英國的科學家在此時紛紛投入古人類學的探討，連雷厄樂也一到英國郊區尋找人類化石做研究。

　　胡斯禮到處演講，成為「達爾文理論」的先鋒，卻也變成教會的禁忌人物。但是儘管教會不斷的阻擾他的演說，認同他的聽眾卻越來越多，他的演講，由剛開始只有稀稀疏疏的掌聲，變成熱烈的掌聲，到最後是雷動的掌聲！這樣的變化，連胡斯禮本人都很驚訝，他很興奮的告訴達爾文大眾對「達爾文理論」的接受程度已經由初始的懷疑、迷惑甚至不解到現在的認同、接受了，達爾文聽了高興萬分！從 1859 年 11 月 22 日《物種之起源》出書到 1861 年 9 月，只有短短的一年十個月，在那個既沒有電視媒體也沒有電腦網路的時代裡，大眾的變化真是快速！

16

蘭花與昆蟲

進化論能夠受到大眾的接受，除了胡斯禮的大力支持與鼓吹外，達爾文對蘭花的研究成果也是原因之一。

蘭花是地球上品種最多的一種植物，現今世界上有三萬種蘭花已被定名，還有超過六萬種是人工培育出來的新種。蘭花通常種在陰涼處，與菰菌類共生，這是由於蘭花自己不會分解食物。它的種子很小，也沒有儲存養分的本事，所以養蘭很不容易。＊

放大鏡

＊一般而言，人工培育蘭花要用非常疏鬆的腐質土，因為蘭花適合透氣性好、有營養的土，同時種植的環境要通風，日光不可直接照射。新盆應先煮燙殺菌再晾乾。至於植料，可準備粗、中、細三種。粗的是雞蛋大小的磚石木炭類，放在盆的最底部，這是透水的前提，下層鋪大磚瓦，中層鋪腐葉、碎炭和蘭花腐質土混合物，上層鋪純蘭花腐質土，然後蓋上一層水苔以保持水分。施肥切勿過濃，澆水也不須太勤，還要避免強烈日照使蘭花晒傷。

現在一般經常看到的蘭花品種有蝴蝶蘭、金線蘭、蟹蘭、富貴蘭、壽蘭等等。蘭花有很多顏色，白的、黃的、粉紅的、綠的都有。一般多是三個花萼，三個花瓣，其中一個花瓣特別大，像一個舌頭，長長的伸出來。有的體積比較小，有的可以大到二十吋，像一朵巨花。

其實蘭花專家叫這個花舌頭為花唇，主要是用來吸引昆蟲替它們傳播花粉。這個世界真是奇妙，因為造物主的偉大創造力，連蘭花的花唇也是各色各樣，以便吸引各式各樣的昆蟲來採花蜜，傳播花粉。譬如說有一種蘭花的花唇與周圍的花瓣及花萼形成雌蜜蜂的樣子來吸引雄蜜蜂，有一些花唇長得像一個漏斗，昆蟲飛進來後就很難從原路爬出去，只能順道從另一頭出來，同時完成了傳播花粉的作用。還有

一種蘭花會發出腐臭味，竟有森林蒼蠅特別中意這種異味，而去採這種蘭花的花蜜。還有一些不見光的蘭花，會吸引螞蟻爬來爬去的替它們傳遞花粉。

達爾文自己也種蘭花，而且種得很多，不過，他可能是為了研究進化論而去觀察蘭花和種植蘭花，並不一定是喜歡蘭花。

他研究的蘭花擁有高黏度的花粉囊，會定時爆開，然後黏住爬行而過的昆蟲。他是在 1861 年 7 月帶著女兒妲莉亞特去德凡海岸的陀葵依度假時，碰巧發現該地有許多土生土長的蘭花。達爾文注意到只有特殊的幾種昆蟲會採某一種蘭花的花粉，換句話說，每一種蘭花只吸引某些昆蟲來採花蜜。

他度假回來後，立刻不養鴿子，轉成養蘭花，研究蘭花是如何讓它的花瓣生成特別的樣子，

以吸引特種昆蟲或飛蛾來採花粉。另外，蘭花與昆蟲的關係是如何演變的也是達爾文要探究的課題。當他養蘭花的事情被外界披露之後，他立刻收到從各處寄來的各種蘭花品種，要請他鑑定。於是，他不必花力氣到處去收集蘭花，就有來自全世界的各種蘭花作為研究的對象。

達爾文在家裡建了一個溫室，專門用來養育蘭花、三葉草、還有其他的植物。他以人工授粉的方式將不同種的蘭花交配，種出了許多新品種，他觀察花瓣形狀與顏色的變化、種子的數目、存活的機率等等，他得到一個結論，那就是不同種的蘭花經過雜交，可以長出更多優良的新品種，更能適應嚴峻的環境並且將這些特性傳遞下去。這些能被代代保留的特性是優良的特性，那些不能適應環境的遺傳特

性則被環境淘汰了。這個實驗奠定了「物競天擇」的基礎，也加強了達爾文「物種轉突變」的理論。

經過近一年的精心養花與觀察，1862年5月，達爾文的蘭花書出版了，書名是《英國與外國蘭花及昆蟲採花蜜的各種發現》。

17 筆 戰

　　在 1862 年 5 月，胡斯禮也出版了一本書，書名是《自然中的人之位置》，他根據達爾文的《物種之起源》所引申出「人是由猿猴演變而來」的思想而寫成的。理查·歐恩也立刻出了一本名為《特殊創造能量》的書來辯駁。理查·歐恩認為這個特殊創造能量是引發舊種變新種的動力，人的創造則是由神力訂定所為。胡斯禮反過來挑戰歐恩，他問歐恩：「那麼為什麼人類就不可以是由『舊猿猴種』變成『新人類種』呢？」

　　歐恩回答道：「人具有獨特性，不可以與動物放在一起談論。」

　　1863 年 2 月，雷厄樂也出版了《古人類學》一書，談論人類

的遠古起源，但是不敢提進化之
說。

頭腦清醒的達爾文非常清楚
他的目標，他繼續寫他的書與報
告，他從來沒有捲入筆戰。

有一群支持「達爾文理論」
的熱心學者成立「愛克斯俱樂
部」，一共有九位成員＊，都是
在倫敦具有影響力的人士。他們
在每個月的第一個星期四都會聚
在一起討論「達爾文理論」，其
中數位是皇家學會裡有權有勢的
會員。達爾文於 1864 年 11 月 30 日
獲得皇家學會寇普利獎章，就是
靠愛克斯俱樂部的會員提名獲

放大鏡

＊愛克斯 (X) 俱樂部的九位成員包括：1865 年葵
城皇家植物館館長約瑟夫‧胡克爾，自然歷史教授湯姆士‧胡斯禮，
維多利亞女王的印刷官威廉‧史珀帝斯烏德，化學教授愛德華‧法
蘭克蘭德，自然哲學教授約翰‧泰達勒，英國海軍退休外科大夫喬
治‧拔斯克，具有影響力的倫敦富翁約翰‧陸伯克爵士，數學教授
湯姆士‧何斯特，以及倫敦富翁何北特‧史賓瑟爾。

得。他的得獎讓英國教會氣得吹鬍子瞪眼睛。

1865 年的某一天，達爾文突然獲知小獵犬號費茲若依船長因為罹患憂鬱症而自殺身亡的消息，他非常震驚，也沮喪不已，好多天都吃不下飯也睡不著覺。

當年玖斯阿舅舅幫助他獲得父親的同意，准許他去應徵參加小獵犬號航海考察隊，後來在船上與船長朝夕相處，兩人共事的記憶一一浮現，他們因為黑奴之事發生爭吵，船長氣得不得了，先是不准達爾文與他同桌吃飯，然後又改變主意准許他同桌吃飯……往事歷歷在目。

這些年來，先是玖斯阿舅舅死了，然後是父親過世了，接著是恩師亨斯洛教授也走了，現在連船長也離他而去了，達爾文內心的悲慟真是無以言喻，讓他十

分感嘆人生的短暫！一直不信神的他也不禁要一問:「神啊，這是什麼意思啊？你要告訴我什麼信息呢?」

1866 年，何北特‧史賓瑟爾出版兩冊《生物學原理》，他用「適者生存」的詞彙來代替達爾文的「自然選擇」，以免混淆困惑讀者。「適者生存」的確比「自然選擇」來得溫和，容易被大眾接受。

1867 年「達爾文理論」取得大部分科學家的認同與大眾的接受，在歐洲大陸建立了聲譽。但是教會仍然不喜歡達爾文，也不喜歡「達爾文理論」。

1869 年 11 月 4 日，胡克爾與胡斯禮共同為「愛克斯俱樂部」創立《自然》雜誌。直至今日，這是世界上最具權威的科學雜誌。

　　1871 年 1 月 22 日，喬治・米
瓦特出版了《物種創造》一書，
反對自然選擇論，他認為爬蟲類
的前腳沒有後腳發達，怎麼可能
會變成鳥類的翅膀呢？米瓦特像
毒蛇猛獸般的刻薄，對支持「達
爾文理論」的支持者非常惡劣，
是一個除了教會以外，另一個強
悍的反對派，令達爾文非常反
感。

　　同年 3 月初，達爾文的《人
類後代與性別選擇》出版，上下
兩冊，賣價是二十四先令，很快
就售罄，這本書只引起些微批
評，大眾與科學家都接受人是進
化而來的，但是認為應該補充神
創造神聖的人類靈魂。

　　「進化」的詞彙在第六版的
《物種之起源》書中第一次出
現。

　　達爾文在後來的十年裡又相

繼出版了多本新書＊。他自始至終都堅持進化的信念。

放大鏡

＊達爾文的著作共有二十三本，依出版日期先後排列如下。

1838 年　《動物學》。

1839 年　《小獵犬號船訪問國之自然學與地質學研究雜記》、《小獵犬號船的達爾文獨白》。

1842 年　《珊瑚礁的結構與分布》。

1844 年　《火山島》。

1845 年　《小獵犬號探險之動物學》（共五冊）。

1846 年　《南美洲》。

1851 年　《活甲殼蟲》、《化石甲殼蟲》。

1854 年　《化石甲殼蟲紀實》。

1859 年　《自然選擇之物種起源》（又簡稱為《物種之起源》）。

1862 年　《英國與外國蘭花及昆蟲採花蜜的各種發現》。

1864 年　《爬行植物的運行與習性》（118 頁）。

1868 年　《蓄養動植物的多樣性》。

1871 年　《人類後代與性別選擇》。

1872 年　《人類與動物情感的表達》。

1875 年　《昆蟲性植物》、《物種之起源》（修訂版）。

1876 年　《昆蟲採蘭花粉造成的蘭花品種多樣化》、《植物界自交和雜交受精的效應》。

1877 年　《同種植物花朵的不同形狀》。

1878 年　《伊瑞斯姆士・達爾文傳》。

1879 年　《爬行植物的運行與習性》。

1881 年　《以蠕蟲行動習性的觀察來看植物模型的形成》。

18 辭　世

　　1881 年 12 月 15 日，當達爾文夫婦在倫敦度假時，達爾文第一次出現劇烈胸痛，1882 年 2 月至 4 月間，達爾文又經歷數次劇烈的胸痛、抽筋、心悸，4 月 19 日下午四點整在自己家中過世，家人都隨侍在側，享年七十二歲。

　　「達爾文理論」與教會的長期矛盾導致教會不准達爾文葬在教會墓園裡，經過達爾文家人的幾度協調，教會終於讓步，准許達爾文的家人將他安葬在聖母堂墓園，但是幾位愛克斯俱樂部的會員們認為，達爾文對科學的突破性貢獻應該有資格葬在比較受尊敬的地點，於是這些會員應用他們在社會上的影響力，不斷奔走、爭取，終於讓教會同意將達爾文葬在西敏寺，只與科學之父

牛頓*的長眠之地相距二十呎。與達爾文結婚長達四十三年的艾瑪，想起在每個黃昏，當她彈琴時，達爾文就坐在琴房的角落裡，靜靜的聆聽欣賞；晚飯後，她會念一段書給達爾文聽，達爾文特別愛聽珍‧奧斯汀寫的書……艾瑪越想越傷心，終於病倒在床，無法參加達爾文的葬禮。

「噹……噹……噹……」客廳裡的落地鐘敲了十二下長長的鐘聲！艾瑪的心也揪了十二下！

一共寫了二十三本書的達爾文死了，生前引起那麼多的爭議，死後爭議應該停了吧？教會倒是鬆了一口氣，但是爭議只是停了一會兒，等到葬禮舉行之後，進化論仍然是一個熱門的話題。

放大鏡

＊愛斯克・牛頓生於 1642 年 12 月 25 日，父親是一個有家產的農夫，目不識丁，連簽名也不會的文盲。他在牛頓出生前三個月去世。母親於牛頓兩歲時改嫁給史密斯牧師，將他留給祖母撫養。母親與史密斯牧師又生了兩個兒子和一個女兒。可憐的牛頓是一個落寞孤獨的孩子，祖父母不喜歡他，他的祖父過世時，沒有留給他一分錢。八年後，史密斯牧師過世，牛頓搬去與母親同住。當牛頓中學畢業時，母親要他接過家產，專心經營家裡的農場與牧場。喜愛數學的牛頓卻寧可用雙手去做風車、水鐘、日晷等，他的機械工程直覺很強。他強烈地認為管理牧場才真是浪費生命。

經過他的大舅、老師、校長、鄰居的勸說，母親最後終於答應讓他去讀劍橋大學的神學院，當時大學的學費很貴，母親只肯付一部分的學費，當牛頓找到一個照顧富家子弟學生的兼職後，才能勉強進入該校就讀。那年是 1661 年了，他因為中間回家照顧家產兩年，所以他讀大學時，已是十九歲，比一般學生的年紀大，他掌握時間讀書，如魚得水般地努力讀書，數學、化學、天文學、哲學、物理學都讀得津津有味。他在 1665 年畢業。此時，全歐洲盛行黑死病，學校關閉，牛頓只能回家。有一天，在家裡的農莊裡的蘋果樹下閒坐，思考問題，突然一個蘋果從樹上掉下來，差點打在他頭上，他嚇了一跳之後，卻觸發他的深沉思考，蘋果為什麼會垂直掉下來？為什麼不飛往天上？為什麼會離開樹枝？是什麼力量把蘋果和樹枝分離？為什麼不歪歪地掉到地上？當時他沒有答案，但是他把這些問題都記在腦裡。這兩年裡，他專心做微積分、光學、地心引力等研究。

兩年後，他想辦法回劍橋大學去教書做研究。從 1670 年至 1672 年，他教光學，研究光折射，發現白光透過第一個三菱鏡會折射而分成七個色光（紅、橙、黃、綠、藍、靛、紫），再透過第二個三菱鏡，又變回白光。他用這個發現，設計出一個折射望遠鏡來觀察天上的星球。1672 年，他被選入皇家學會當會員。在 1677 年，與萊布尼茲分別同時發明微積分，1683 年，以克卜勒定律，發現了萬有引力定律。1687 年出版《自然哲學的數學原理》，簡稱為《數學原理》。此書共分上中下三冊，上冊是《物體運動學》，中冊是《物體運動學續論》，下冊是《世界系統：星球運動學》。牛頓從此舉世聞名，奠定他的「現代科學

之父」的地位。1689 年被選為國會議員；1696 年，任職於鑄幣局，1703 年，當選為皇家學會會長，他藉機安插了他的好朋友們在重要的職位上，遭到眾人非議。1705 年由英國皇室授予爵士稱號。一生裡有過兩次精神崩潰，他自認是用功過度，連夜通宵沒睡的結果造成（今日醫界認為他有憂鬱症）。晚年體弱多病，燒掉一部分文件筆記本，另一部分捐給劍橋大學圖書館，在 1727 年於家中過世，享年八十五歲。御賜葬於西敏寺墓園，與後來的達爾文墓地相距二十呎（約 6.1 公尺）。

牛頓一生專心致志科學研究，奉獻給科學，終身沒有結婚，沒有留下子嗣。他在科學上的貢獻巨大。他的《數學原理》就是今日的《物理學》，其中最出名的運動三定律與萬有引力定律奠定了現代科學的基礎。沒有牛頓的發明，也許今日科學的進步將會大大的受到影響！

　　1、牛頓運動三定律

　　　　(1) 在無外力干擾之下，當物體以一定速度向某一個特定方向進行時，速度與方向應該都不被改變。

　　　　(2)F=ma，F 代表「作用力」；m 代表物體的「重量」；a 代表「加速度」。物體重量、加速度、力度三者之間的關係用此方程式說明。加速度與力度都具方向性。

　　　　(3) 每一個作用力都存在一個反作用力。

　　2、牛頓萬有引力

　　$F = GM_1M_2/D^2$；F 代表「萬有引力」，G 代表「地心引力」，M_1 代表「物體 1 的重量」，M_2 代表「物體 2 的重量」，D 代表「二物體之間的距離」。任何物體間都相互存在引力，維持穩定平衡。存在的引力可以用此方程式算出。

　　3、牛頓肯定了哥白尼的「日心說」。哥白尼因為主張「太陽是中心，地球繞太陽運行」的說法，與當時教會的「地球是中心，太陽繞地球旋轉」的主張不同，而被教會當作惡魔燒死。當代的伽利略也因為贊同哥白尼的主張而被判下獄。布魯諾接著以望遠鏡觀察地球的運轉，收集了很多數據，到了克卜勒，他用布魯諾的數據畫出了圖形，牛頓依據這些數據及他自製的折射望遠鏡觀察天文的結果，說明地球繞太陽運行的軌道是橢圓形，並且計算出太陽是位於其中的一個焦點（橢圓形有兩個焦點；圓形只有一個）。牛頓對天文學的貢獻很大，後來的

行星發現可以說是牛頓研究發現的延續。

　　牛頓在 1676 年 2 月 5 日寫給胡克的一封信裡說：「……假如我能看得更遠的話，那是因為我站在巨人的肩膀上……」牛頓的謙虛與好學值得我們學習，他這句話很值得我們深思！

　　牛頓晚年時，自我省視時說：「我不知道我呈現在世界上的是什麼樣子，但是對我而言，我似乎像一個在海邊戲耍的男童，不時要找一個更光滑的小鵝卵石或一個更美的貝殼，雖然有一片海洋般浩大但還沒有被發現的真理呈現在我的眼前。」

　　著名物理學諾貝爾獎得主愛因斯坦有一段對牛頓的讚美，他說：「大自然對他而言是一本打開的書，他可以不費力的讀每一個字……在他身上，他綜合了實驗家、理論家、機械師，還有藝術家。他強壯的、肯定的、孤獨的立在我們眼前，他的創造力與精確度是如此的明確的存在他所寫的每一個字和所畫的每一個圖裡。」

　　著名詩人亞力山大‧波普有一首讚美牛頓的詩：

　　　　自然與自然的法律為黑暗所隱藏，
　　　　神說：讓牛頓來，
　　　　然後一切即會光明！

　　不容否認的，牛頓在科學上的成就，證明他已將科學探求真理的魅力發揮到了極至！

結　語

　　查理斯‧達爾文，這位劃時代的自然學家雖然已經過世，但是他對大自然的熱情，對研究的堅持不懈，以及持續不斷的寫作，在在令人敬佩不已！他的著作成為歷史經典，至今仍然是大家必讀之書，他的研究與理論至今仍然屹立不搖。當大家追溯基因理論的起源時，「遺傳學之父孟德爾」與「進化論之父達爾文」必然是先後被提到的，足證進化論的影響是多麼的源遠流長！

　　教會至今仍然對「達爾文進化論」保持沉默的反對，人類的起源仍然是大眾津津樂道的話題，第一個生命是如何開始的？一定是由單細胞生命演化成多細胞生命嗎？是否存在多細胞生命

變成單細胞生命的進化途徑呢？除了環境以外，是否有別的刺激？譬如輻射線及藥物等，能否在最短的時間裡引起基因突變而產生新物種呢？「達爾文進化論」無法解答這些問題，自然學家仍然在尋找答案。

1809 年	出生。
1828 年	進入劍橋大學就讀神學院。
1831 年	登上小獵犬號參加航海考察隊。
1836 年	回到英國。
1837 年	第一次在皇家地質學會發表演說。
1839 年	被選為倫敦皇家學會會員。與艾瑪結婚。
1858 年	將自己的「轉突變理論」公諸於世。
1859 年	出版《物種之起源》。
1860 年	胡斯禮第一次在科學雜誌上公開使用「達爾文理論」這個名詞，引起各界譁然。

1866 年　何北特・史賓瑟爾以「適者生存」一詞代替達爾文的「自然選擇」，這個說法的確較容易被大眾所接受。

1867 年　「達爾文理論」取得大部分科學家的認同，在歐洲大陸建立了聲譽，但教會仍然不接受。

1882 年　逝世。

獻給孩子們的禮物

「世紀人物100」

訴說一百位中外人物的故事

是三民書局獻給孩子們最好的禮物！

◆ 不刻意美化、神化傳主，使「世紀人物」更易於親近。

◆ 嚴謹考證史實，傳遞最正確的資訊。

◆ 文字親切活潑，貼近孩子們的語言。

◆ 突破傳統的創作角度切入，讓孩子們認識不一樣的「世紀人物」。

音樂家系列

沒有音樂的世界，我們失去的是夢想和希望……

每一個跳動音符的背後，到底隱藏了什麼樣的淚水和歡笑？
且看十位音樂大師，如何譜出心裡的風景……

由知名作家簡宛女士主編，邀集海內外傑出作家
與音樂工作者共同執筆。平易流暢的文字，活潑
生動的插畫，帶領小讀者們與音樂大師一同悲
喜，靜靜聆聽……

兒童文學叢書

影響世界的人

在沒有主色，沒有英雄的年代
為孩子建立正確的方向
這是最佳的選擇

一套十二本，介紹十二位「影響世界的人」，看：
釋迦牟尼、耶穌、穆罕默德如何影響世界的信仰？
孔子、亞里斯多德、許懷哲如何影響世界的思想？
牛頓、居禮夫人、愛因斯坦如何影響世界的科學發展？
貝爾便利多少人對愛的傳遞？
孟德爾引起多少人對生命的解讀？
馬可波羅激發多少人對世界的探索？

他們，

足以影響您的孩子──

去影響世界的未來

兒童文學叢書

童話小天地

童話的迷人，
正是在那可以幻想也可以真實的無限空間，
從閱讀中也為心靈加上了翅膀，可以海闊天空遨遊。
這一套童話的作者不僅對兒童文學學有專精，
更關心下一代的教育，
出版與寫作的共同理想都是為了孩子，
希望能讓孩子們在愉快中學習，
在自由自在中發展出內在的潛力。

—— 簡宛（名作家暨「兒童文學叢書」主編）

丁疙瘩　　奇奇的磁鐵鞋　　九重葛笑了　　智慧市的糊塗市民
屋頂上的祕密　　石頭不見了　　奇妙的紫貝殼　　銀毛與斑斑
　　小黑兔　　大野狼阿公　　大海的呼喚　　土撥鼠的春天
「灰姑娘」鞋店　　無賴變王子　　愛咪與愛米麗　　細胞歷險記

國家圖書館出版品預行編目資料

雀鳥與蘭花：達爾文 / 龔則韞著;李詩鵬繪.－－初版
二刷.－－臺北市: 三民, 2010
　　面；　公分.－－(兒童文學叢書 / 世紀人物100)

　ISBN 978－957－14－4861－9　(平裝)

　1. 達爾文(Darwin, Charles, 1809－1882) 2. 傳記 3. 通
俗作品

784.18　　　　　　　　　　　　　　　　96017290

ⓒ　雀鳥與蘭花：達爾文

著 作 人	龔則韞
主　　編	簡　宛
繪 　者	李詩鵬
發 行 人	劉振強
著作財產權人	三民書局股份有限公司
發 行 所	三民書局股份有限公司
	地址　臺北市復興北路386號
	電話　(02)25006600
	郵撥帳號　0009998－5
門 市 部	(復北店) 臺北市復興北路386號
	(重南店) 臺北市重慶南路一段61號
出版日期	初版一刷　2008年1月
	初版二刷　2010年9月修正
編　　號	S 781540

行政院新聞局登記證局版臺業字第○二○○號

有著作權‧不准侵害

ISBN　978-957-14-4861-9　（平裝）

http://www.sanmin.com.tw　三民網路書店

※本書如有缺頁、破損或裝訂錯誤，請寄回本公司更換。